Ein Bremer Stadtspaziergang

DENK MAL MANN

Christine Holzner-Rabe

Carl Schünemann Verlag

Vorwort

DENKMAL MANN ist ein abwechslungsreicher und unterhaltsamer Rundgang durch die Bremer Innenstadt und widmet sich Männergestalten, die als Denkmäler im öffentlichen Raum aufgestellt wurden. Der Weg beginnt und endet am Herdentor und ordnet diese besonderen Plastiken in ihren historischen und künstlerischen Entstehungsprozess ein.

Die Denkmäler sollen die Positionen, Leistungen und Schicksale der dargestellten Männer würdigen und sie somit bis in ferne Zukunft vor dem Vergessen bewahren. Sie erinnern an Herrscher und Politiker, Dichter, Wissenschaftler und Unternehmer, an Götter, Heilige und Propheten, aber auch an einfache Männer und Lebenskünstler. Aus der Sicht der Denkmal-Initiatoren und der beauftragten Künstlerinnen und Künstler handelten die geehrten Männer außergewöhnlich, bewirkten Bedeutendes, beeindruckten durch ihren Charakter oder berührten durch ihr Schicksal.

Jedes Denkmal besitzt eine besondere Aussagekraft durch Konzeption und Platzierung im öffentlichen Raum. Dabei kann man über den Ideenreichtum und die intellektuelle Leistung der Künstler und Künstlerinnen staunen und ihre unerschöpfliche Kreativität bewundern, mit der sie uns die gewürdigten Personen näherbringen.

Jedes Denkmal ist ein einzigartiges Kunstwerk. Der Idee zu diesem Buch liegt deshalb auch ein Appell zur Pflege und zum respektvollen Umgang zugrunde. Würden diese Werke im Stadtbild fehlen – wir würden es als leer und beliebig empfinden. Die Denkmäler haben somit neben ihrer Erinnerungsfunktion auch eine belebende Wirkung und bereichern das Stadtbild, zumal sie größtenteils eigens für Bremen geschaffen wurden. Durch die bewusste Wahrnehmung der Denkmal-Männer kann man unsere Stadt noch besser kennenlernen. Schmückende Allegorien an Gebäuden und frei stehende allegorische Männerstatuen wurden nicht aufgenommen, weil sie keine Denkmäler sind.

Auch macht DENKMAL MANN bewusst, dass Denkmäler für Männer (nicht nur) in Bremen wesentlich häufiger aufgestellt wurden als für Frauen. Das hat maßgeblich mit den von Männern gegründeten Komitees und den Stiftern zu tun, die besonders um 1900 mit der Errichtung von Denkmälern ausnahmslos ihre Geschlechtsgenossen ehrten. Es spiegelt sich die lange vorherrschende gesellschaftliche Realität wider, in der die höchsten Ämter in Politik, Wirtschaft und Wissenschaft, also in der Öffentlichkeit, ganz selbstverständlich für den Mann vorgesehen waren. Frauen sollten bescheiden im Hintergrund agieren – nicht öffentlich und am besten sogar unsichtbar anonym. Die vielen Männerdenkmäler verstärken diese Dominanz auch im kulturellen Gedächtnis. Der Titel DENKMAL MANN und der damit einhergehende Fokus auf die Männerdenkmäler provoziert somit auch ein Nachdenken über Geschlechterrollen und -bilder in Vergangenheit und Gegenwart.

Um die einzelnen Denkmäler in ihrer Komplexität – Entstehungsgeschichte, künstlerischer Konzeption und Aussage – so detailliert beschreiben zu können, waren umfangreiche Recherchearbeiten erforderlich. Sie umfassten schriftliche und mündliche Anfragen, Interviews, Vergleiche von historischen mit aktuellen Fotos, das Überprüfen von Datenbanken sowie das Studium von Zeitungsartikeln, Aufsätzen und Berichten in der Literatur und im Internet. Dabei kamen bisher unbekannte Fakten ans Licht, sodass manches Denkmal durch überraschende Erkenntnisse neu analysiert und bewertet werden konnte.

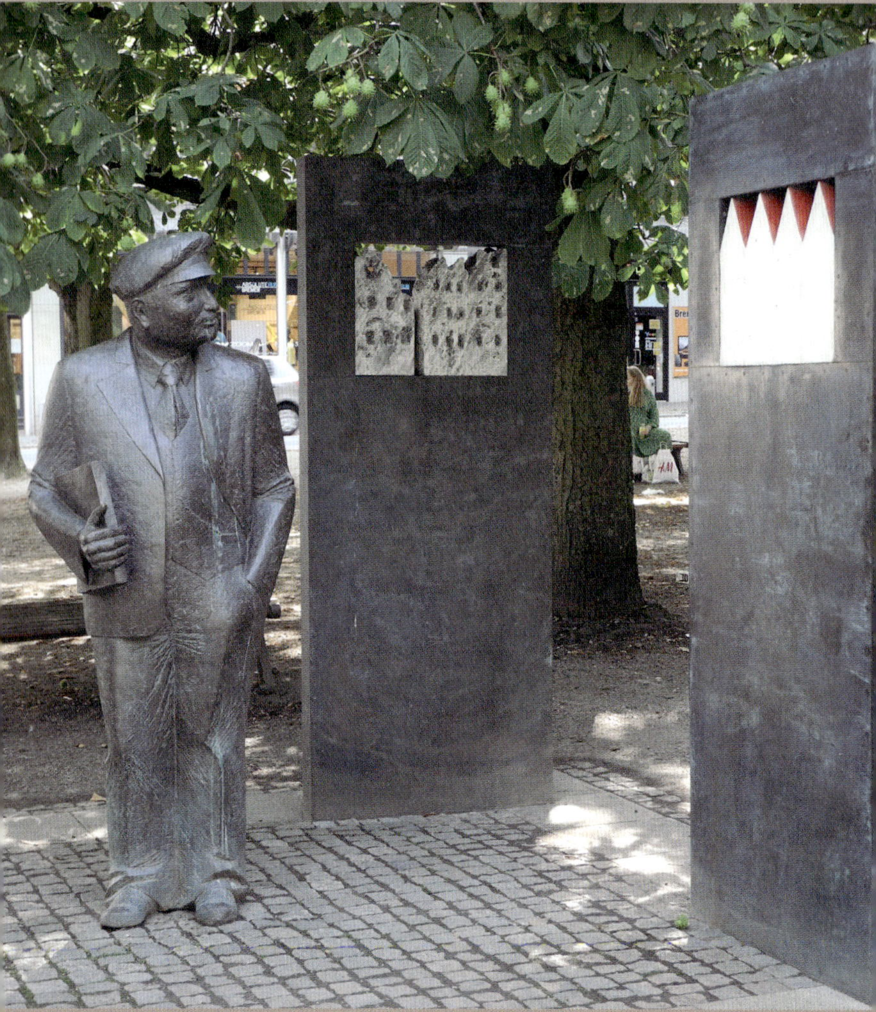

Carl Wilhelm Kaisen, 22.5.1887 in Hamburg – 19.12.1979 in Bremen

Wilhelm-Kaisen-Denkmal

2012

● Ecke Wallanlagen/Herdentor

Für das Wilhelm-Kaisen-Denkmal wurde im Kastanienwäldchen am Herdentor ein schöner Platz gefunden. Es besteht aus vier Elementen: dem bronzenen Standbild, zwei fast schwarzen rechteckigen Stelen und einer Bildtafel in einigem Abstand. Bei einem Künstlerwettbewerb, ausgeschrieben von der Wilhelm-Kaisen-Bürgerhilfe, gewann die Bildhauerin Christa Baumgärtel den ersten Preis und wurde mit der Realisierung ihres Entwurfs beauftragt. Die Finanzierung konnte durch Spenden ermöglicht werden. Zum 125. Geburtstag Kaisens am 22. Mai 2012 fand unter großer Beteiligung der Öffentlichkeit die Enthüllung statt. Neben der Künstlerin war auch Kaisens Tochter Ilse Kaisen anwesend.

Mit der Konzeption des Denkmals erzählt Christa Baumgärtel vom vermutlich wichtigsten Abschnitt im Leben Kaisens und damit von seiner herausragenden Leistung für Bremen: Wilhelm Kaisen wurde im Juli 1945 von der US-amerikanischen Besatzungsmacht zunächst zum Präsidenten der Bremischen Bürgerschaft und am 1. August zum Präsidenten des Senats, also zum Bürgermeister, ernannt und mit der Organisation des Wiederaufbaus der Hansestadt und der Herstellung von Verwaltungsstrukturen beauftragt. Schließlich gelang Kaisen durch unermüdliches geschicktes Verhandeln mit den Partnern die Wiederherstellung der Unabhängigkeit Bremens und die Gründung des Bundeslandes Bremen. Zwanzig Jahre hatte der SPD-Politiker dann das Amt des Bürgermeisters und ab 1946 auch das Amt des Senatspräsidenten (Ministerpräsidenten) des Landes inne.

Wie auch in ihren anderen Werken hält die Bildhauerin Christa Baumgärtel wenig von radikaler Abstrahierung. So ist das Gesicht des Bürgermeisters mit dem Schnauzbart klar zu erkennen und durch Haltung und Attribute erschließt sich Kaisens Charakter: Die massige Statur vermittelt körperliche und mentale Kraft, Durchsetzungsvermögen, Entschlossenheit und Unbeugsamkeit. Kaisen trägt einen Anzug als Ausdruck seiner Seriosität in gehobener politischer Position, nichts verweist darauf, dass er weiterhin mit seiner Familie den Bauernhof in Bremen-Borgfeld bewirtschaftete. Die Schultern sind überdimensioniert breit, sie tragen enorme Verantwortung und auf ihnen lasten kaum zu bewältigende Herausforderungen. Dennoch steht hier keine Heldenfigur. Lässig steckt er seine linke Hand in die Hosentasche, während er in seiner rechten eine Aktenmappe trägt; Kaisen, der unkonventionelle Mensch und fleißige Bürokrat, der Verfassungen und Verträge verhandelte. Auch die für Kaisen typische Lotsenmütze symbolisiert seinen Auftrag, Bremen aus dem Desaster des Zweiten Weltkriegs herauszuführen und der Bevölkerung eine Perspektive zu eröffnen. Baumgärtel stellte die Figur direkt auf den Boden und verzichtete auf einen Sockel. Auch dies gehört zur Beschreibung Kaisens. Er stand mit beiden Beinen fest auf dem Boden der Realität, blieb den Menschen in Bremen immer nah, nie abgehoben, sondern bescheiden und Anteil nehmend. Die Menschen vertrauten ihm. Eine Aufsockelung hätte seiner Verbundenheit mit der Bevölkerung nicht entsprochen und Kaisen hätte sie auch abgelehnt. Doch die Figur ist größer, als Kaisen selbst war. Er besaß Größe. Die Bremerinnen und Bremer von damals schauten zu ihm auf – und die heutigen können und sollen das wohl auch noch tun.

Die Stele hinter dem Standbild enthält in ihrer rechteckigen Öffnung stilisierte zerstörte Giebelhäuser. Doch Kaisen schaut zur anderen Stele, dort sind die Giebelhäuser intakt und sogar mit roten Dächern versehen. Kaisen lässt die Ruinen buchstäblich hinter sich und richtet den Blick zielsicher in die Zukunft. Das ist seine Vision: das zu über 60 Prozent zerstörte Bremen mit seinen Häfen wiederaufzubauen und den Menschen somit Hoffnung und Zukunft zu geben.

Den Auftraggebern und der Bildhauerin war es darüber hinaus wichtig, sachliche Informationen zu Kaisen und der bremischen Nachkriegssituation anzubieten. Auf der Bildtafel sieht man eine Luftaufnahme der Stadt, einige Abbildungen des bombardierten Hafens und Menschen in ihren elenden Wohnungen. Diese Bilder machen die trostlose Lage und die ausweglos erscheinende Situation nach dem Krieg sichtbar. Ein weiteres Foto mit Mehrfamilienhäusern aus dem Stadtteil Neue Vahr zeigt hingegen die enorme Wiederaufbauleistung unter Federführung Wilhelm Kaisens. Allerdings wurde nicht das alte Bremen wiederaufgebaut, wie in den Stelen suggeriert, sondern die damals favorisierten klotzartigen Flachdach-Neubauten prägten von nun an das neue, moderne Bremen.

Bis heute ist der erste Nachkriegsbürgermeister populär, auch wenn von manchen bedauert wird, dass sich Kaisen keinen bremischen Flächenstaat, sondern lediglich einen Zweistädtestaat vorstellen konnte.

Der Bildhauerin Christa Baumgärtel ist es gelungen, mit der großartig durchdachten Konzeption und der künstlerischen Gestaltung des Denkmals die Geschichte eines bedeutenden Bremers unaufdringlich, ohne Pathos und in scheinbar selbstverständlicher Schlichtheit zu erzählen.

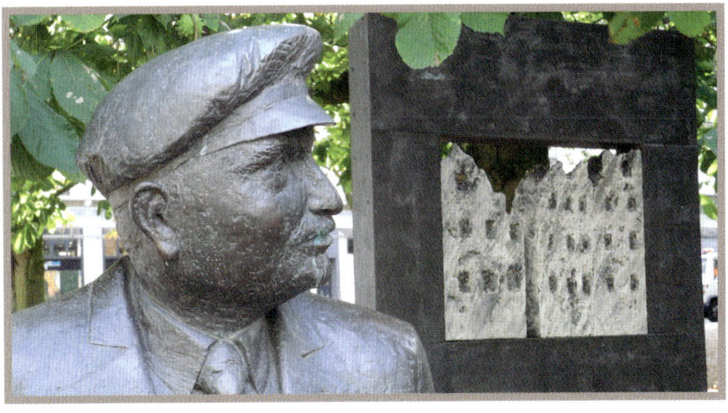

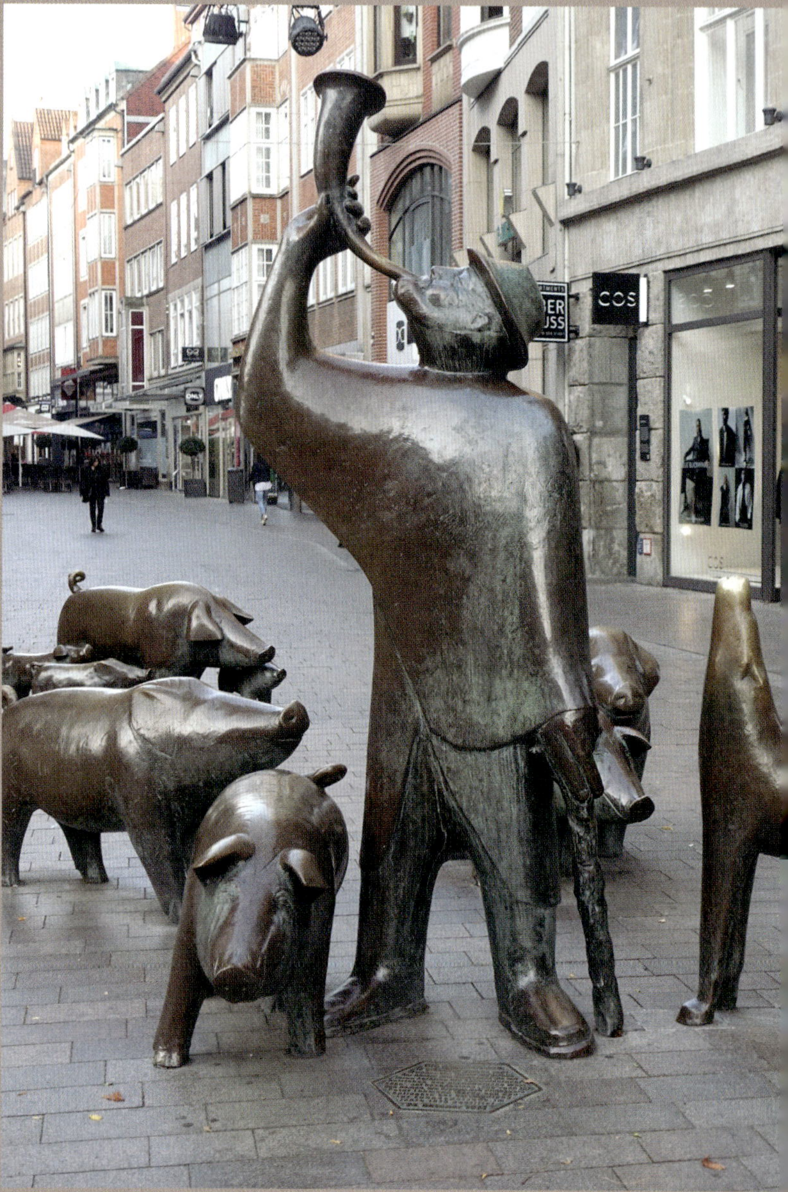
COS

Schweinehirt und seine Herde

1973/74

● Ecke Sögestraße/Knochenhauerstraße

Über zwei Meter groß aufragend und schon von Weitem sichtbar, bläst der Hirte mit seinem Horn die Schweine zusammen. Sie laufen ihm zu und freuen sich, denn gleich wird er sie durch das Herdentor auf die Bürgerweide hinausführen, wo sie ihr Schweineleben genießen können, bewacht von ihm. Der Hirtenhund stimmt mit erhobenem Kopf in den Ruf ein, er weiß, was zu tun ist. Zwischen den beiden herrscht wunderbare Harmonie, sichtbar gemacht durch die beiden Körper.

Zwar ist das Thema »Hirte und Herde« bzw. »Der gute Hirte« stark christlich-religiös belegt, die Anwohner jedoch wollten mit der Stiftung der Skulpturengruppe an die frühere Bedeutung der Sögestraße erinnern. Peter Lehmann, dessen Hauptthema das Tier war, schuf die Bronzen 1973, die man liebevoll als eines der Wahrzeichen Bremens ansieht. Auf der sechseckigen Platte zu Füßen des Hirten erhält man Erläuterungen zu Tradition und Bedeutung der Sögestraße. Neben dem Horn sind es nur wenige Details, die den Hirten charakterisieren und seine Aufgabe beschreiben. Der weite Übermantel und der Hut schützen vor Wind, Kälte und Regen, mit dem dicken Wurzelstock in seiner linken Hand kann er sich beim Gehen stützen und auf ihm ausruhen beim Stehen. Mehr braucht der Hirte nicht. Jahrhundertelang haben Hirten mit minimaler Ausstattung die Tiere begleitet. Peter Lehmann schuf eine Männerfigur, deren stark reduzierte Form diese Zeitlosigkeit aufgreift. Die Skulpturengruppe erinnert auch an die bäuerliche Struktur Bremens, als die Familien nicht ausschließlich Kaufleute, Händler und Handwerker waren, sondern allerlei Vieh für ihren Lebensunterhalt hielten. Ein gemeinsam bezahlter Hirte versorgte ihre Tiere. So ist die Figur kein Denkmal für eine individuelle Person, sondern für einen Beruf mit Verantwortung. Historisch betrachtet galt die Arbeit als Schweinehirt jedoch in Dörfern und in Städten gleichermaßen oft als niedere Tätigkeit und wurde von Menschen ausgeführt, die angeblich nichts leisteten und die weder als Knechte noch als Handwerker ein Auskommen generieren konnten. Trotz der lebensnotwendigen Bedeutung der Schweine war deren Image immer schlecht und so auch das jener Menschen, die sich um sie kümmerten. Man hielt sie für schmutzig und stinkend wie die Schweine und grenzte sie verächtlich aus dem sozialen Leben aus.

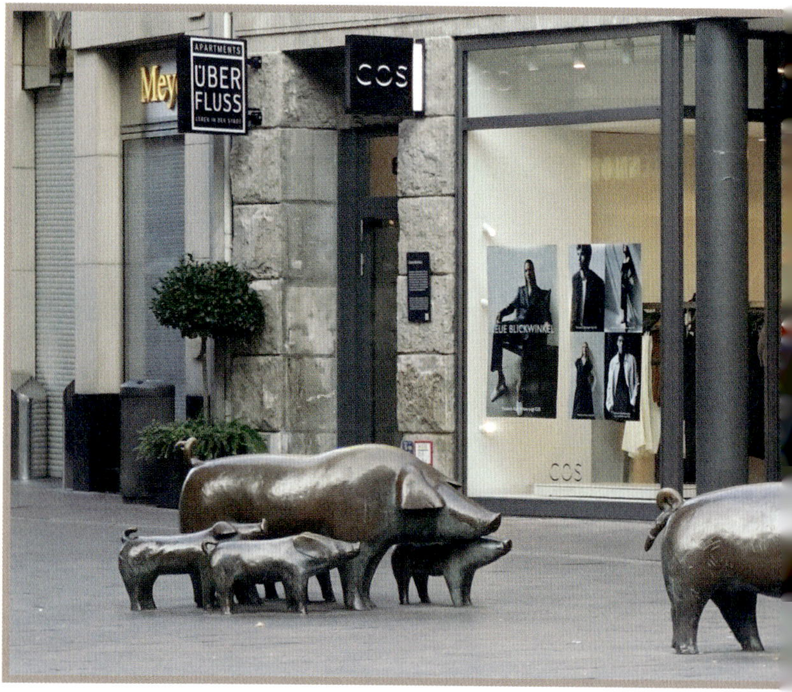

Unser Schweinehirt ist sich seiner wichtigen Aufgabe aber bewusst, so hat ihn Peter Lehmann gestaltet: überlebensgroß, aufrecht, selbstbewusst und stark. Der Bildhauer zollt dem Hirten den gebührenden Respekt und damit einem Beruf, der mit der Industrialisierung der Landwirtschaft ausgestorben ist. Die glücklich lächelnden Sögen (plattdeutsch für Sauen) und ihre Ferkel danken es ihm. Sie erfreuen jetzt als Denkmal die Passanten und laden zum Klettern, Sitzen und Fotografieren ein.

Die ganze Gruppe hat noch eine weitere Denkmalsfunktion. Mit der Aufstellung 1974 mitten auf der Straße war die Zeit des Autoverkehrs durch die Sögestraße vorbei. Hirt und Schweine erinnern auch an die offizielle Errichtung der ersten Fußgängerzone Bremens.

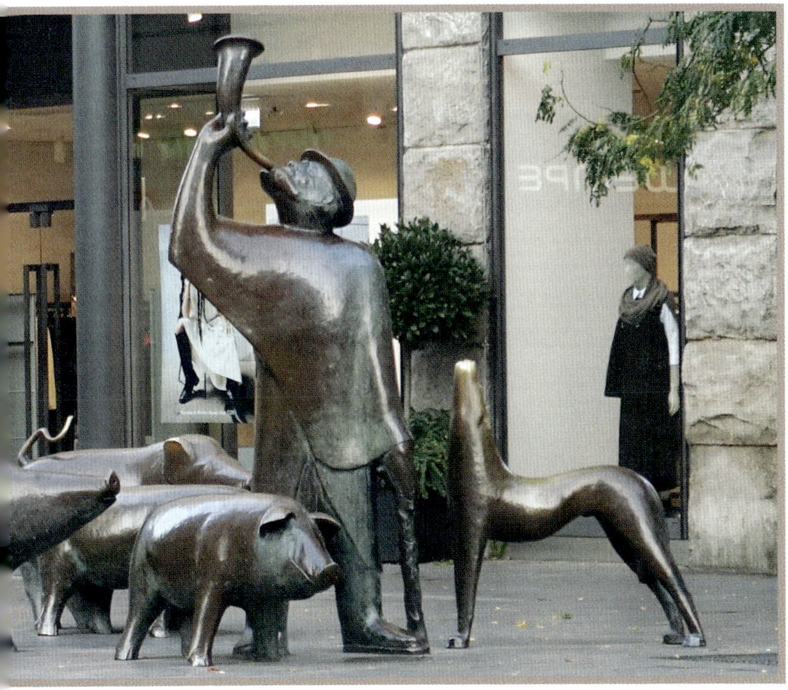

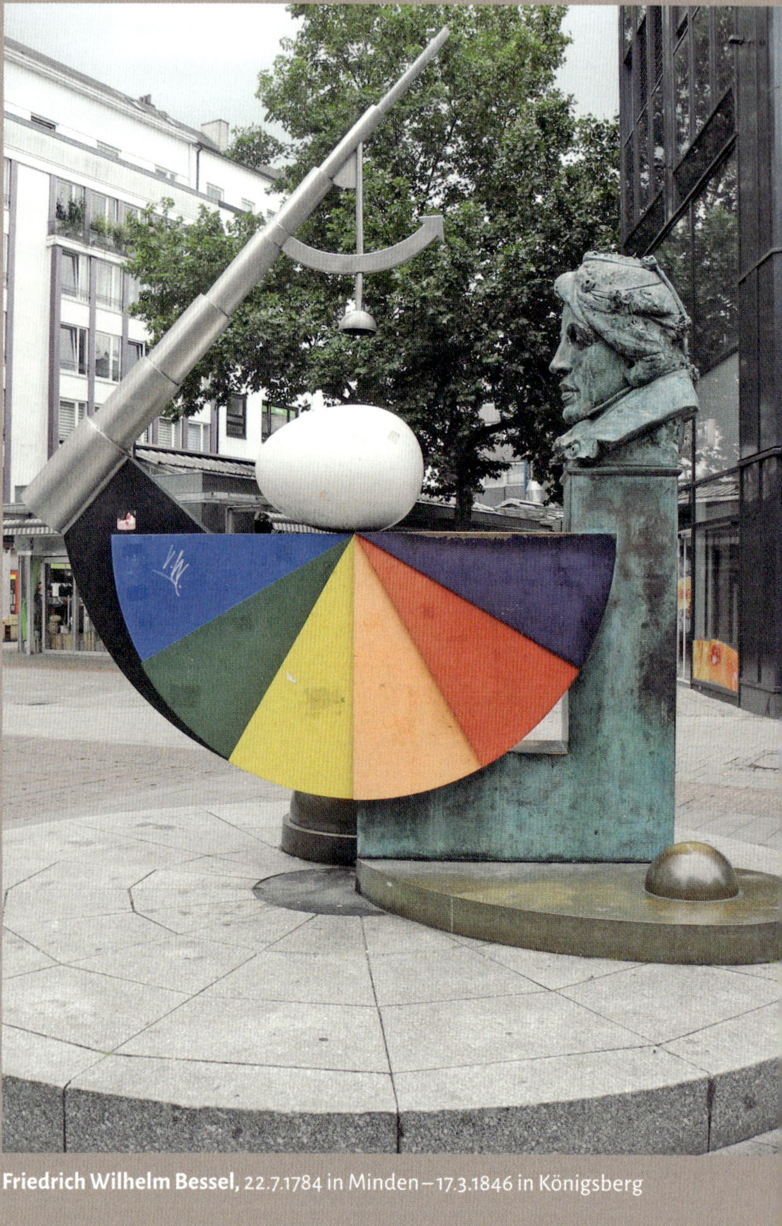

Friedrich Wilhelm Bessel, 22.7.1784 in Minden – 17.3.1846 in Königsberg

Bessel-Ei

1989/90

● Hanseatenhof

3

Mitten auf dem Hanseatenhof steht seit 1990 das große Denkmal für den Mathematiker und Astronomen, Physiker und Geodäten Friedrich Wilhelm Bessel, das sogenannte *Bessel-Ei*. Das Denkmal hat keine eindeutige Schauseite, es ist frei stehend und von jedem Standpunkt aus bietet es neue optische und inhaltliche Reize. Der Künstler Jürgen Goertz fordert die Betrachterinnen und Betrachter heraus.

Das Denkmal ist aus vielen Einzelelementen und einer Porträtbüste zusammengesetzt. Jürgen Goertz hat sich intensiv mit dem Naturwissenschaftler Friedrich Wilhelm Bessel und seiner Arbeit beschäftigt, sonst wäre es ihm nicht möglich gewesen, dieses feinsinnig durchdachte, aber höchst ungewöhnliche Denkmal zu schaffen. Der Bildhauer kombinierte verschiedene geometrische Körper und verteilte sie horizontal und vertikal zu einer spannungsreichen Installation auf einer niedrigen Scheibe aus hellgrauem Granit, die man als Sockel ansehen kann. Diese Platte ist symmetrisch durch die Steinkanten in sechzehn Kreissektoren mit jeweils 22,5 Grad gegliedert. In sich ist jeder Sektor von der Mitte aus noch in unterschiedlich große Dreiecke aufgeteilt. Sie stellen das Verfahren der Triangulation zur Vermessung der Erde dar. Zudem sind alle Farben im Kunstwerk vereint. Vom weißen Ei über die Regenbogenfarben zum Gold-Braun der Bronze und vom Grau-Grün der Patina bis zum Schwarz des Scheibenelements.

Die geometrische Mitte des Sockels ist als schwarzer Kreis gekennzeichnet und ist der Ansatzpunkt für ein 1,75 Meter hohes, stehendes Winkelmaß aus Bronze, auf dem die gut ein Meter hohe grün patinierte Porträtbüste von Bessel steht. Am Fuß des Winkelmaßes liegen beidseitig zwei unterschiedlich große Scheiben-

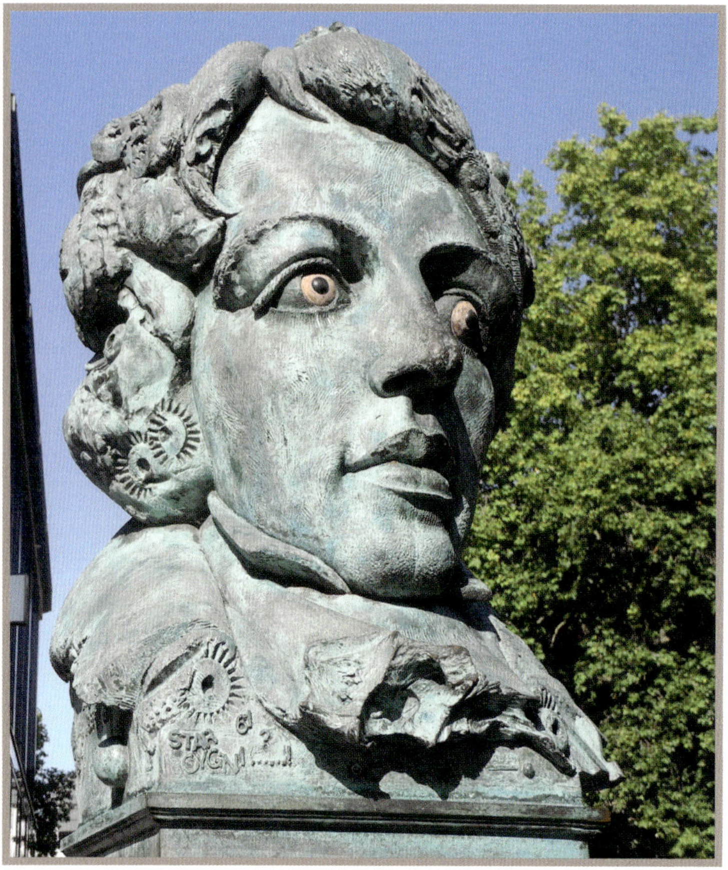

ausschnitte mit jeweils einer aufgesetzten Halbkugel aus braun glänzender Bronze. Die Form ergibt sich aus einem Halbkreis und einem angesetzten Viertelkreis. An das Winkelmaß ist vertikal eine weitere Scheibe aus einem Halbkreis und einem kleinen Dreieck montiert. Sie ist durch ein unregelmäßig laufendes weißes Band in eine schwarze und eine bronzefarbene Fläche geteilt. Auf der anderen Seite gibt ein exakter Halbkreis, in sechs gleich große farbige Sektoren aufgefächert, die Spektralfarben des Lichtes wieder. Der violette Sektor müsste daher eigentlich an den blauen angrenzen, Goertz hat ihn jedoch anders gesetzt, vermutlich aus ästhetischen Gründen. Auf der schmalen Kante der Scheibe liegt das Ei. Im Winkel von 45 Grad ist an diese Scheibe eine lange, schräge, unten offene Stange aus immer kleiner werdenden Edelstahlzylindern montiert, die ein ausgefahrenes Fernrohr darstellt. Über dem Ei durchstößt eine schlanke Stange einen gebogenen Pfeil, die auf den von Bessel erfundenen Pendelapparat verweist, mit dem er die Gravitation als Kraft in der Himmelsmechanik experimentell erforschte.

Der Porträtkopf ist in seiner Ausführung typisch für die Skulpturen von Jürgen Goertz. Der Haarbereich ist gespickt mit rundlichen Formen und Stangen, die an ein Zahnräderwerk erinnern und wohl die unermüdliche Denkarbeit Bessels symbolisieren. Sie könnten aber auch strahlende Himmelskörper sein und die Distanzen markieren. Unter den Augenbrauenwülsten starren seine Kugelaugen mit dem hellen Augapfel und der schwarzen Pupille konzentriert aus dem Gesicht. Bessels Sehkraft war so scharf, dass er einen Doppelstern mit bloßem Auge am Nachthimmel erkennen konnte – für seine astronomischen Berechnungen die ideale Voraussetzung.

Von Bessel gibt es etliche Bildnisse, darunter sogar eine Daguerreotypie, also ein Foto, die Goertz sicherlich kannte und die ihm die Modellierung des Porträts ermöglichten. Die Kombination dieses naturgetreuen Gesichts mit der surrealen Haartracht verleiht der Büste eine extravagante Lebendigkeit.

Beim Nähertreten entdeckt man kleine Sterne und Wörter sowie die Unterschrift des Künstlers und das Entstehungsjahr des Denkmals: 1989. Hier findet man auch den Hinweis auf eine der vielen Erkenntnisse Bessels, die ihn berühmt machten: Er errechnete die Bahn des Halleyschen Kometen. Sein Erscheinen war zwei britischen Astronomen schon zu Beginn des 17. Jahrhunderts aufgefallen, doch erst Bessel konnte die Bahn berechnen. Drei Jahre vor Fertigstellung des Denkmals war Halley wieder zu sehen. Auch das Wort

»Starcygni« mit der Ziffer 61 kann man lesen. Bessel gelang 1837/38 die erste zuverlässige Entfernungsbestimmung eines Fixsterns, nämlich zu 61 Cygni. Damit bewies er das heliozentrische Weltbild von Nikolaus Kopernikus. Die dadurch erlangte Bedeutung dieses Sterns würdigte auch das *Star-Trek*-Universum, in dem 61 Cygni sogar bewohnt ist. Über dem Sockelrand der Bessel-Büste steht noch das Wort »Erde« mit einem Strich und einem Fragezeichen, ein weiterer Hinweis auf die Distanzberechnungen des Astronomen.

Auf der Messingtafel am Fußende des Sockels erhält man weitere Erläuterungen zu Bessel und seiner Arbeit. Hier erfährt man auch, warum Bremen ein Bessel-Denkmal hat: Mit 14 Jahren begann der junge Friedrich Wilhelm 1799 in Bremen eine nicht vergütete Ausbildung als Handlungsgehilfe in der Papenstraße, nicht weit vom Denkmal entfernt. Seine gymnasiale Laufbahn in Minden hatte er abgebrochen, da er einen starken Widerwillen gegen das Pflichtfach Latein hatte. Aufgrund sehr guter Leistungen erhielt er von der Firma schließlich ein Geschenk und investierte einen Teil des Geldes in Bücher. Durch Privatlehrer und autodidaktisch eignete er sich das nötige mathematische Wissen zur Navigation an, baute mithilfe eines Tischlers und eines Uhrmachers einen Sextanten und lernte Spanisch und Französisch, um später an Expeditionen teilnehmen zu können. Direkt auf der Straße in Bremen sprach er 1804 Wilhelm Olbers an (vgl. *Olbers-Denkmal*), der von Bessels Halley-Berechnungen so beeindruckt war, dass er ihn nach Lilienthal zum Astronomen Johann Hieronymus Schroeter vermittelte, womit Bessels wissenschaftliche Karriere begann.

Besonders beeindruckend an Bessels Biografie ist der Umstand, dass er keine akademische Ausbildung durchlief, weder Abitur noch eine Promotion besaß und dennoch in Königsberg als berufener Professor für Astronomie und Mathematik an der Universität lehrte. Er erhielt die bedeutendsten Auszeichnungen und stand in engem Kontakt mit den großen Wissenschaftlern seiner Zeit, veröffentliche mathematische, nautische, physikalische und astronomische Forschungsergebnisse und gehörte damit zu denjenigen, die unser Verständnis der Welt und des Kosmos bedeutend voranbrachten.

Er studierte unsere Sonne, Kometen, Planeten und Sterne, erfasste die Positionsdaten von 75.000 Sternen und entwickelte Erdvermessungsverfahren, weshalb er auf der erläuternden Tafel als Geodät bezeichnet wird. Nach dem Wissenschaftler benannt sind in der Mathematik und Astronomie u. a. die Bessel-Funktion, die Besselsche Differentialgleichung, der Bessel-Strahl, der Bessel-Filter, die Besselsche Ungleichung, die Besselsche Interpolationsformel, das Bessel-Jahr, die Bessel-Epoche, das Bessel-Ellipsoid und die Besselschen Elemente. Mit dem *Bessel-Ei* als Denkmal bezog sich Goertz auf die Annahme von Friedrich Wilhelm Bessel, dass die Kometenbahn eine parabelnahe Ellipse sei. Ersetzt man eine schmale Ellipsen-Hälfte durch eine Parabel, ergibt sich die Kontur eines Eies. Das Ei kann man auch als Anspielung auf das *Ei des Kolumbus* verstehen. Damit meint man das Finden einer Lösung für ein unlösbar erscheinendes Problem.

Das *Bessel-Ei* ist ein einzigartiges Denkmal, auf das Bremen mit Stolz blicken darf – und sollte. Leider ist es aber schon lange schmutzig, mit Stickern beklebt und mit Farbe bekleckert. Die Glühbirne, die das Ei vom Pendel aus beleuchten sollte, ist auch schon seit Jahren verschwunden. Dass sich viele Menschen entspannt auf die Granitscheibe setzen und Kinder gerne in der Installation herumklettern, hätte Bessel aber vermutlich gefallen. So ist er durch sein Denkmal nahe am Menschen, weil seine wissenschaftliche Arbeit unmittelbaren Einfluss auf unser Leben genommen hat, obwohl wir das gar nicht wissen und viele von uns von Friedrich Wilhelm Bessel noch nie gehört haben.

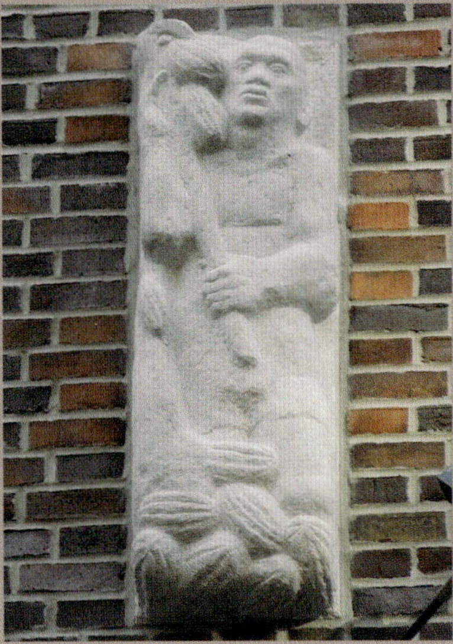

Kakaobauer

2020

4

Fassade Johann Jacobs Haus, Obernstraße Nr. 20

Das neue Johann Jacobs Haus schmücken 13 Hochreliefs, die die Wege von Kakao, Tee und Kaffee vom Anbau bis zum Konsum beschreiben. Sieben der Relief-Steine schuf der Bildhauer Bernd Altenstein im Auftrag von Johann Christian Jacobs. Die neuen Steine unterscheiden sich farblich und stilistisch leicht erkennbar von den sechs alten: Die dunkelbeigen Figuren *Kaffeepflückerin* (Afrikanerin), *Kaffeesackträger* (Araber), *Kaffeeexporteur* (Türke), *Teeexporteur* (Chinese), *Teekorbträger* (Inder) und *Teepflückerin* (Nepalesin) rahmten ursprünglich die Fenster der ersten Etage der Obernstraßenfassade. Bisher gibt es trotz intensiver Suche keine Angaben zum Künstler bzw. zur Künstlerin und zum Entstehungsjahr. Man geht davon aus, dass sie für den Neubau von 1948 geschaffen wurden, nachdem das Gebäude von 1903 im Zweiten Weltkrieg zerstört worden war. Im Neubau von 2020 versetzte man sie etwas vorstehend an die West- und Südfassade.

Die vier neuen, von Bernd Altenstein aus hellem Obernkirchner Sandstein gehauenen, Reliefs an der Obernstraße beschreiben die Arbeit des Kakaobauern. Man sieht ihn mit einem Kakaobaumast und großen Früchten, dann mit geöffneten Schoten. Im dritten Stein schleppt er die gefüllten Säcke und schließlich werden die Kakaobohnen für den Verkauf geprüft. An der Westfassade findet man von links nach rechts die drei Tee-Figuren, ergänzt mit zwei Arbeiten von Altenstein. Sie zeigen die Fermentierung und den Ausschank des Tees. Auf der Rückseite des Hauses ist der Kaffee das Thema, vom Pflücken bis zum Mahlen in der Handmühle. Das letzte Relief stammt wieder von Bernd Altenstein.

Alle Steine haben das gleiche rechteckige Format, das die Figuren fast vollständig ausfüllen. Die älteren mit ihren klaren Konturen und ihren schlanken Körpern scheinen wie ausgeschnitten, die Altenstein-Bauern hingegen sind weicher konturiert, wirken durch die Proportionen und Oberflächen aber gröber. Diese Figuren sind mit ihren Attributen in die äußere Form eingezwängt, und zusammen mit den großen, ernsten Gesichtern erkennt man die Anstrengung durch die schwere Arbeit. Die körperliche Belastung sieht man den älteren Figuren nicht an. Sie wirken im Vergleich geradezu leicht und elegant. Dennoch ist auch bei ihnen keine Verklärung oder Romantisierung erkennbar. Es spricht sehr für den Auftraggeber Johann Christian Jacobs, dass er das ältere Figurenprogramm bewahrte und auch dem Kakaobauern ein Denkmal setzen ließ. Leider sind die Reliefs weit oben am Haus angebracht und zum Teil schwer zu erkennen, allerdings setzen sie sich als schöne Lichtpunkte vom rötlich-braunen Backstein ab. Insgesamt würdigen die 13 Steine die Helden und Heldinnen des Unternehmens, das seinen Erfolg in der Welt seit der Gründung 1895 auch diesen Menschen verdankt.

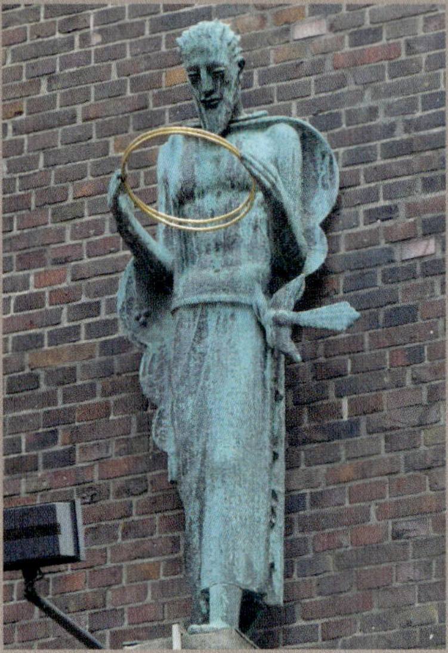

Goldschmied

1928

5

● Fassade Sögestraße Nr. 1 / Eckhaus Obernstraße

Seit 1928 befindet sich an der Fassade des ehemaligen Juwelier-Gebäudes von Brinckmann & Lange eine schlanke Männergestalt, geschaffen vom Bremer Bildhauer Engelhard Tölken. Sie hält zwei goldene Ringe und schaut mit sanftem Blick auf die Menschen. Um die Schultern ist ein Umhang gelegt, der den nackten Oberkörper sichtbar lässt. Den Unterkörper bedeckt ein bodenlanges Tuch. An der linken Hüfte ist eine Form befestigt, die an einen Vogel mit gespreizten Schwanzfedern und geöffneten Flügeln erinnert. Besieht man die Statue von der Seite, so entdeckt man rechts zwischen Umhang und Körper die Form eines Bechers und darunter zwei kleine Ringe.

Bei der Figur könnte es sich passend zum Geschäft um den Heiligen Eligius, Schutzpatron der Gold- und Silberschmiede handeln. Eligius lebte im späten 6. Jahrhundert in Frankreich. Er war Goldschmied und Münzmeister am Hof verschiedener Könige, gründete Klöster und Kirchen und kaufte Sklaven frei. Als Bischof von Noyon bekehrte er heidnische Franken. Für ihn spricht die Kleidung. Das Gesicht ist jedoch so individuell, dass man ein Porträt vermutet. Eine Darstellung der Firmengründer, Gerhard Lange oder Adolph Brinckmann, wäre naheliegend, ist allerdings durch Fotos nicht belegbar. Eine gewisse Ähnlichkeit mit dem Sohn Brinckmanns, William, der Firmenteilhaber und wohl Auftraggeber der Figur war, ist hingegen nicht von der Hand zu weisen. Die Form an der Hüfte erinnert stark an einen Papageien und könnte wiederum ein Hinweis auf Gerhard Lange sein. Dieser wurde mittags stets von seinem Papagei empfangen, der ihm im Garten des Wohnhauses entgegenflog, sich auf die Stockkrücke setzte und sich herumturnend ins Haus tragen ließ.

Vorstellbar ist somit, dass sich Tölken an zwei bedeutenden Männern der Firma und dem Heiligen orientierte und eine Mischfigur schuf – entgegen der simplen Meinung, dass die Skulptur einen beliebigen Goldschmied darstellt.

Die Männergestalt ist ein wertvolles Kunstwerk aus den späten 1920er-Jahren und eine meisterliche Komposition. Die grünliche Farbe der Bronze, die weichen Konturen des Mantels und die ausladenden, zarten Goldringe bilden einen wunderbaren ästhetischen Kontrast zur rötlichen Backsteinfassade mit ihren eckigen Ziegeln. Als Denkmal erinnert der *Goldschmied* an die Firma Brinckmann & Lange, die hier bis 2006 ihr Juwelier-Geschäft betrieb.

Darüber hinaus ist die Figur auch ein Denkmal für den Künstler Engelhard Tölken, der in Bremen viele Plastiken schuf, die etliche Häuserfassaden schmücken, beispielsweise das HAG-Haus in der Böttcherstraße und das Schünemann-Haus an der Zweiten Schlachtpforte. Der *Goldschmied* ist das letzte Werk eines einst bedeutenden Bremer Künstlers, der heute so gut wie vergessen ist.

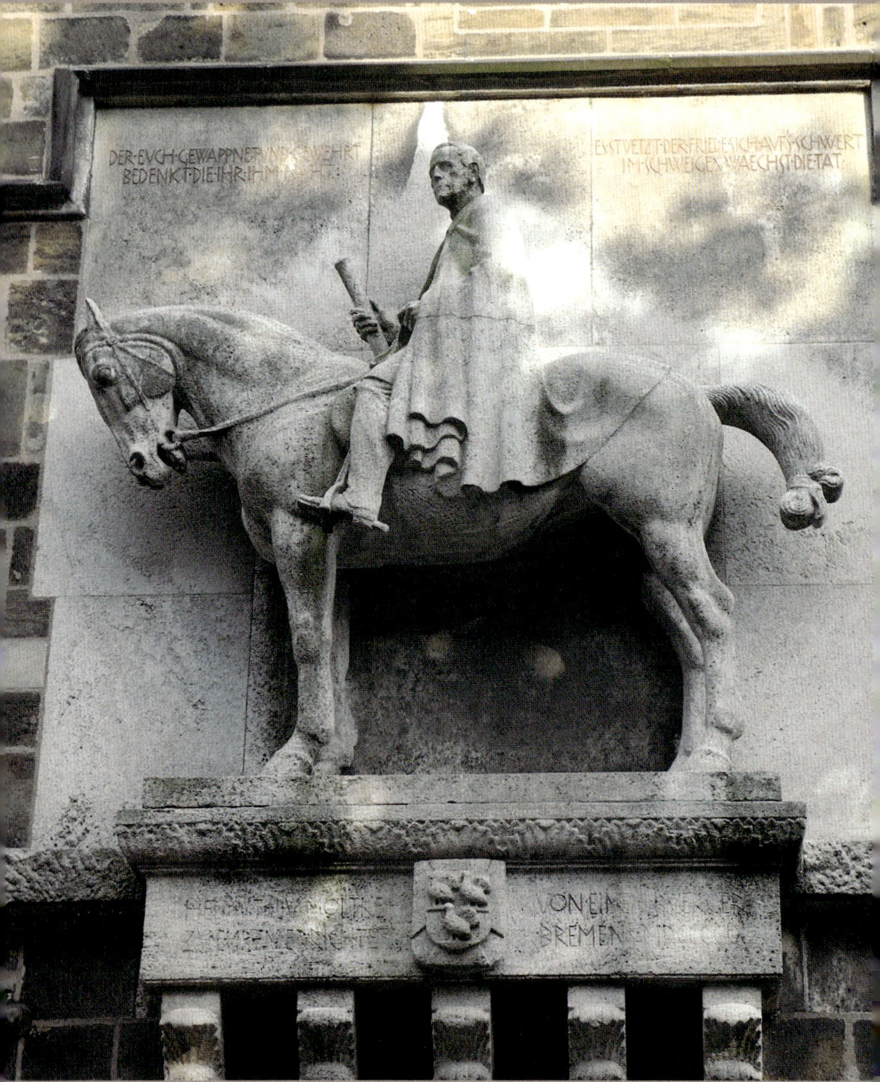

Helmuth Graf von Moltke, 26.10.1800 in Parchim als Helmuth Karl Bernhard von Moltke, ab 1870 Graf von Moltke – 24.4.1891 in Berlin

Moltke-Denkmal

1909

6

● Fassade Kirche Unser Lieben Frauen, Westseite

Hoch über dem Boden am Nordturm der Liebfrauenkirche erinnert ein Reiterstandbild an Generalfeldmarschall Helmuth Graf von Moltke. Der Münchener Bildhauer Hermann Hahn erhielt 1905 die Auszeichnung des Preisgerichts für seinen Entwurf, den er zusammen mit dem Berliner Architekten Heinrich Jennen realisierte. Finanziert wurde das Werk aus Muschelkalk mit 75.000 Reichsmark von nur einem Mäzen, dem Kaufmann Bernhard Loose. In Großbuchstaben in den Sockel eingraviert kann man mühsam entziffern: *Helmuth v. Moltke zu Ehren errichtet von einem Bürger Bremens MDCCCCIX.* Die Einweihung am 4. November 1909 erlebte der Stifter wegen der langen Diskussion um den Standort nicht mehr. Hahn hatte die Kirchturmwand selbst vorgeschlagen, nachdem man die Idee, den Liebfrauenkirchhof durch ein Denkmal aufzuwerten, aufgegeben hatte. Dort steht bis heute, ebenfalls von Hahn angeregt und zusammen mit Jennen gestaltet, der *Marcus-Brunnen*, der, wenn man von der Sögestraße einbiegt, den Blick auf das *Moltke-Denkmal* lenken soll. Das Reiterstandbild überlebte unbeschadet den Zweiten Weltkrieg und steht seit 1973 unter Schutz.

Heute irritiert es, dass ein Denkmal für einen hohen preußischen Militär an einer Bremer Kirchenfassade angebracht ist. Die Liebfrauenkirche diente aber seit 1866 dem Preußen unterstehenden 1. Hanseatischen Infanterie-Regiment Bremen Nr. 75 als Garnisonkirche und schien deshalb geeignet als Ort für dieses Denkmal. Das Regiment hatte im Krieg gegen Frankreich 1870/71 gekämpft, für den Moltke die strategischen Pläne entworfen hatte. Den Eingangsbereich der Kirche gestaltete man später als Gedächtniskapelle für die im Ersten Weltkrieg Gefallenen dieser Garnison, nach dem

Zweiten Weltkrieg als Gedenkstätte und Anfang der 1970er-Jahre als Friedenskapelle.

Hermann Hahn schuf für Bremen eine Doppelfigur in der Tradition anderer Reiterfiguren, besonders zu erwähnen ist der *Bamberger Reiter* aus dem 13. Jahrhundert. Diese Denkmäler stehen nicht frei, sondern haben eine Schauseite und dienen auch als Schmuckelement für Kirchenwände. Moltke ist nicht als Militär zu erkennen, denn ein entscheidendes Merkmal, die Kopfbedeckung, fehlt. Keine Orden prangen an seiner Brust, einziges Attribut ist ein Feldherrenstab in seiner rechten Hand. Hahn wollte offenbar den Mann und weniger seine Position ehren. Das Antlitz Moltkes ist deshalb auch ein naturgetreues Porträt.

Das Denkmal wirkt sehr ruhig, Ross und Reiter sind bewegungslos dargestellt. Ohne dass der Feldmarschall die Zügel angezogen hätte, ist das brave Tier stehen geblieben und hat den Kopf fast demütig mit leicht geöffnetem Maul nach unten gerichtet. Moltke hingegen hat seinen Kopf gedreht und schaut geradeaus in die Ferne. Es scheint fast, als würde Moltke innehalten, um nachzudenken. Als Zeichen der Dressur und Wertschätzung des Pferdes ist sein Schweif kunstvoll geknotet. Der weite Mantel Moltkes ist ordentlich über den Tierrücken gebreitet und verbindet beide Körper in vertrauensvoller Harmonie. Senkrechte und waagerechte Kompositionslinien verleihen dem Denkmal Würde und Stabilität, wobei der sorgfältig arrangierte Faltenwurf des Mantels der Gesamtkomposition eine raffinierte Vitalität gibt. Hahn schuf mit seiner Arbeit ein künstlerisch präzise durchdachtes, aber schlicht wirkendes Denkmal ohne Heldensymbolik. Damit wird der Einfluss seines Lehrers Adolf von Hildebrand (vgl. *Bismarck-Denkmal*) kenntlich.

Links und rechts vom Reiter kann man mit einiger Mühe die Inschrift in Großbuchstaben entziffern: *Der euch gewappnet und gewehrt, bedenkt, die Ihr ihm naht: Es stuetzt der Friede sich auf's Schwert, im Schweigen waechst die Tat.* Mit diesem schwülstig anmutenden Satz bezog sich der Bremer Dichter Rudolf Alexander Schröder auf

Moltkes Charakter und militärische Erfolge. Moltke soll wortkarg und unauffällig gewesen sein, sodass er auch als »der große Schweiger« tituliert wurde.

Als preußischer Generalstabschef begleitete Moltke am 15. Juni 1869 König Wilhelm I., den damaligen preußischen Ministerpräsidenten Graf Otto von Bismarck und den Kriegsminister Graf Albrecht von Roon sowie andere Männer nach Bremen, um in Bremerhaven die zweite deutsche Nordpolexpedition zu verabschieden. Nach etlichen Festlichkeiten und Übernachtung endete der Bremen-Besuch mit einer Parade auf dem Domshof. Im Nachbarstaat Oldenburg fand dann die Einweihung des preußischen Kriegshafens Wilhelmshaven statt. Der hervorragende Stratege Moltke hatte an mehreren Kriegen teilgenommen und hatte aus militärischer Sicht maßgeblichen Anteil an der Reichsgründung 1871 nach dem deutsch-französischen Krieg. Am 15. Juni 1871 erhielt er von den Bremern das Ehrenbürgerrecht. 1890 war Moltke erneut in Bremen und nahm am 21. April zusammen mit Kaiser Wilhelm II. an der Grundsteinlegung für das Kaiser-Wilhelm I.-Denkmal auf dem damals nach dem ersten Kaiser benannten Platz zwischen Liebfrauenkirche und Rathaus teil, die Enthüllung drei Jahre später erlebte Moltke nicht mehr.

Seit 1905 ist zudem die Graf-Moltke-Straße im Bremer Adressbuch verzeichnet, sodass Moltke vielen Bremerinnen und Bremern ein Begriff war. Das Denkmal wurde von der Bevölkerung akzeptiert, obwohl es manchen als zu wenig heroisch erschien. Die Bürgerschaft machte sich schon ein Dreivierteljahr nach der Einweihung Sorgen, was eine zweimal im Jahr notwendige Reinigung wohl kosten werde – der von prominenten Kritikern des Denkmalamtes als »Regenmantel« verhöhnte Umhang hat tatsächlich keinerlei praktische Schutzfunktion für Ross und Reiter.

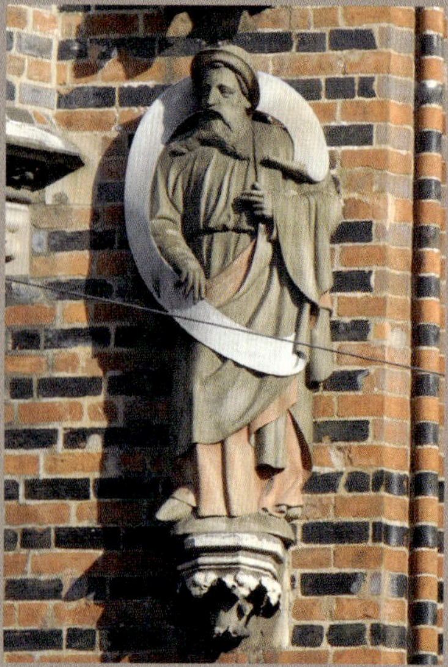

Platon, 428/427 v. Chr. in Athen – 348/347 v. Chr. ebenda

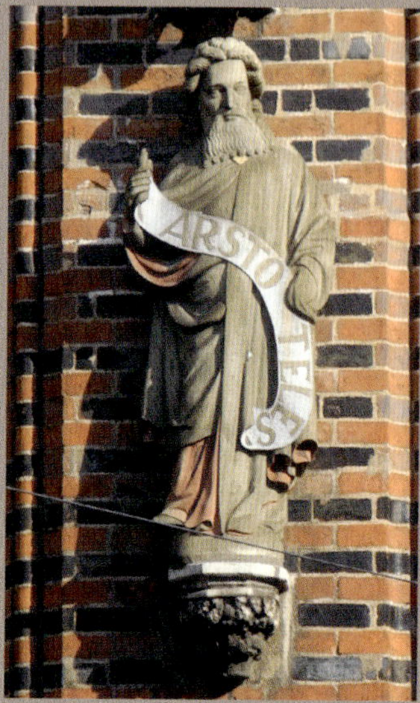

Aristoteles, 384 v. Chr. in Stageira – 322 v. Chr. in Chalkis

Die Philosophen

7

1406–1408, 1961

● Rathausfassade, Westseite

Nähert man sich dem Bremer Rathaus von Westen her, von der Obernstraße oder vom Liebfrauenkirchhof kommend, so wird man von vier überlebensgroßen Steinfiguren an der Fassade in der oberen Fensterreihe begrüßt. In schwungvolle weiße Bänder sind bzw. waren die Namen der Dargestellten mit goldenen Buchstaben eingeschrieben. Heute kann man lediglich noch die Namen der beiden Griechen Aristoteles und Demosthenes lesen. Links handelt es sich um Platon und rechts außen steht der einzige Römer Marcus Tullius Cicero.

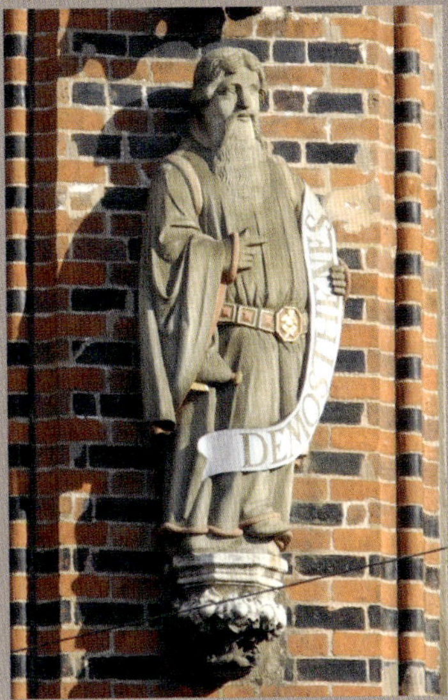

Demosthenes, 384 v. Chr. in Paiania – 322 v. Chr. in Kalavria

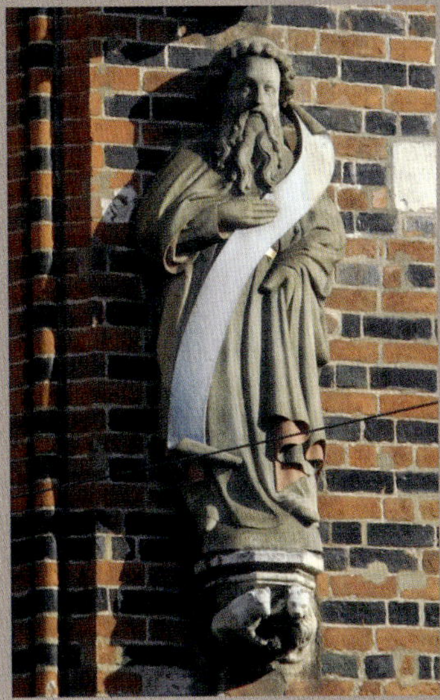

Marcus Tullius Cicero, 106 v. Chr. in Arpinum – 43 v. Chr. bei Formiae

Man sieht sofort, dass die Figuren Kopien sind, denn sie weisen außer leichten Verschmutzungen keine Verwitterungsspuren auf. Der Bremer Senat beschloss 1958 die Reinigung, Restaurierung und die Reproduktion aller 16 Rathaus-Figuren. Den Auftrag für die Kopie Platons erhielt Georg Arfmann, die Kopie Aristoteles' fertigte Alfred Horling, Kurt Lettow schuf Demosthenes, die Cicero-Kopie stammt von Hans Breitenbach. Die Bildhauer haben lediglich die Köpfe ein wenig verändert. Es sind dieselben Künstler, die auch vier Kurfürsten an der Südfassade kopierten (vgl. *Der Kaiser und die Kurfürsten*).

Die Originale platzierte man spätestens 1410, als das Rathaus fertiggestellt war. Seit 1963 werden sie im Focke-Museum verwahrt. Die Namenszüge stammen aus dem 16./17. Jahrhundert, als die Figuren umbenannt und die ehemaligen Sinnsprüche übermalt wurden.

Bis dahin stellten sie die bedeutendsten Schrift-Propheten des Alten Testaments bzw. Tanachs dar: Ezechiel, Jeremia, Jesaja und den Seher Daniel oder König David. Eine genaue Datierung für die Umbenennung gibt es nicht.

Bodenlange Stoffbahnen umhüllen kunstvoll drapiert die Körper, man sieht nur die Fußspitzen. Die raffinierten Faltenwürfe der antiken Gewänder sind in Hellbraun und Rot gehalten und betonen die fließenden Formen. Die Bärte sind sorgfältig gekämmt, das Haar ist kunstvoll frisiert. Lediglich Platon trägt eine Kopfbedeckung, die anderen Häupter sind unbedeckt. Die Haltung der Hände ist verschieden, mal wird die gewaltige Stofffülle gerafft oder es wird auf die eigene Namensbanderole gezeigt, die alle mit einer Hand halten.

Man kann davon ausgehen, dass die Standbilder nach den persönlichen Vorstellungen der Steinmetze Meister Johannes, seinem Sohn Paul und Meister Henning gefertigt wurden. So hat die Mütze Ezechiels bzw. Platons vermutlich ihr Vorbild in der Mützenmode um 1400, vielleicht trug einer der Künstler selbst eine solche Kopfbedeckung. Heute irritiert, dass Cicero, der Römer, ganz unrömisch einen langen zweigeteilten Bart trägt. Hält man sich allerdings an die ursprüngliche Benennung Daniel oder David, erklärt dies den Bart.

Jede Figur ist ein Denkmal für die entsprechende Person. Zusammengenommen demonstrierte die Gruppe der mittelalterlichen Bevölkerung das steinerne und damit ewige katholische Bekenntnis des Bremer Rates. Nicht umsonst wählte man als sakrale Bauelemente am Profanbau über den Figuren gotische Baldachine und zwischen den Figuren gotische Spitzbogenfenster mit Maßwerken. In der Reformationszeit setzte sich aber auch in Norddeutschland die Begeisterung für die Kulturleistungen der griechischen und römischen Antike durch. Der Rathausumbau von 1612 spiegelt perfekt die Spätrenaissance. Die mittelalterlichen Formen verschwanden zugunsten einer neuen Prunkfassade vor der Südwand mit Obelisken, Dreiecks- und Segmentgiebeln, mit Szenen aus der griechischen Mythologie und mit antiken Tugend-Gottheiten. Spätestens jetzt schienen auch die alttestamentarischen Propheten nicht mehr zu passen und so taufte man sie in Griechen und einen Römer um. Die alten, in gotischer Fraktur geschriebenen Sinnsprüche übermalte man und ersetzte sie durch die Namen der Philosophen; in Antiqua, der Schrift der Römer. Die nun geehrten Intellektuellen und ihre Weltanschauungen werden heute noch zitiert und diskutiert und haben teilweise sogar noch Gültigkeit.

Am Bremer Rathaus könnten die vier zusammen ein Anspruch und eine Botschaft zugleich sein: Seht her, wir, der Bremer Rat, handeln bedacht, überlegt, klug und weise. Wir, der Bremer Rat, sind auch Staatstheoretiker wie Aristoteles, Staatsmänner wie Demosthenes, Verteidiger der Republik wie Cicero und wir glauben, dass der Staat – Platons Ansicht entsprechend – von Philosophen regiert werden sollte. Das ist unser Anliegen! Sie sind unsere Vorbilder!

Es ist gut vorstellbar, dass der selbstbewusste, nun protestantische Rat diese neue Haltung der Bevölkerung durch die Umbenennungen mitteilen wollte. Bedenkt man zudem, dass die obere Rathaushalle hinter diesen Skulpturen mit vielen aus der griechisch-römischen Antike übernommenen Spruch- und Bildbotschaften genau dieses Selbstbewusstsein bis heute repräsentiert, ist es nur logisch, dass man es auch nach außen demonstrieren wollte.

Nun kann man natürlich fragen, ob die Bremerinnen und Bremer der Vergangenheit dieses Programm überhaupt verstanden, vielleicht auch, ob die heute Lebenden es tun. Die ehemaligen Sinnsprüche der Propheten konnten viele lesen und verstehen, die Namen der Philosophen waren vor allem der gebildeten Schicht bekannt. Allein schon durch die raffinierte fremde Kleidung konnten aber alle sehen, dass die vier Männer wichtige Repräsentanten längst vergangener Epochen sein mussten. Zu diesen Personen sollte man auch im wörtlichen Sinn aufschauen. Denn sonst würden sie das aus der Sicht des Rates bedeutendste bürgerliche Bauwerk der Stadt nicht zieren. Und das ist durchaus auch eine Funktion der Statuen: die Rathausfassade zu beleben und zu schmücken.

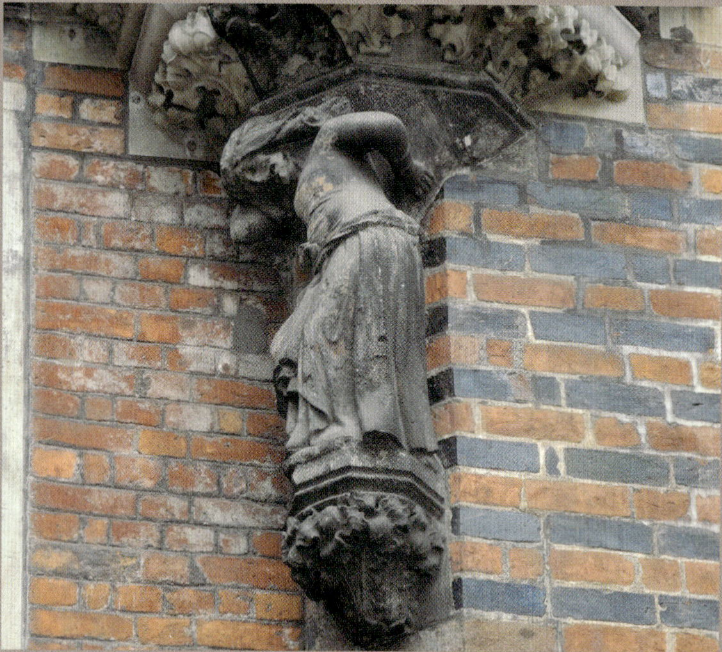

Meister Johannes (auch Johan), um 1400, Lebensdaten unbekannt

Meister Johannes

1407

8

● Rathausfassade, Nord-West-Ecke

An der Westseite des Rathauses befindet sich eine Männerfigur, die den letzten der einst vier Ecktürme links von den Philosophen stützt (vgl. *Die Philosophen*). Das Original von 1407 ist etwas verwittert, aber gut erhalten. Vermutlich wurde es in der Vergangenheit restauriert.

Der Mann ist von den *Philosophen* abgewandt, auf seinen gekrümmten Schultern ruht die Last des Turmes. Sogar der Kopf muss das Mauerwerk tragen und die Hände halten die Konsole fest, damit der Turm nicht abrutscht. Ein Bein ist angewinkelt nach vorne gestellt, so als wollte der Träger seine Bürde wegschleppen. Aber er versucht nur, das Gleichgewicht zu halten und nicht ins Wanken zu geraten. Denn die Aufgabe ist gewaltig: einen Turm dauerhaft zu tragen und so dem ganzen Gebäude Stabilität zu verleihen. Die Anstrengung dieser Aufgabe sieht man der kräftigen Statur an: Oberarme und Oberkörper sind unbedeckt, der Oberkörper ist nach vorne geneigt, das Hemd ist herabgestreift und um die Hüften zusammengeknotet. Dennoch vermittelt die Figur nicht den Eindruck eines geschundenen, leidenden Knechtes. Der Turmträger stützt mit seinem Körper und seiner Kraft das Bauwerk, weil er es will und kann; weil er zu diesem Rathaus und damit auch zu seiner Verantwortung steht, symbolisiert durch das Gebäude in seiner Gesamtheit.

Sehr bedauerlich ist, dass die anderen drei Turmträgerfiguren aufgrund der Umbauarbeiten von 1612 nicht mehr erhalten sind. Tatsächlich waren die Ecktürme allerdings ohne praktischen Nutzen. Sie verliehen aber dem Rathaus den Nimbus von Wehrhaftigkeit.

Alle vier Stützfiguren meißelte Meister Johannes, Bauleiter und bedeutendster Bildhauer der Arbeiten am Rathaus, eigenhändig. Heute geht man davon aus, dass es sich um eine Selbstdarstellung des Bildhauers handelt. Dafür spricht auch das lange Kleid, denn nur die Meister trugen lange Röcke, die einfachen Handwerker des Mittelalters hingegen kurze. Somit wäre die Figur ein Denkmal für den Meister, das er von sich selbst schuf. Darüber hinaus ist es ein weiteres eindrucksvolles Beispiel für die spätmittelalterliche Bildhauerei, den sogenannten weichen Stil, der den Körper aus seiner früheren Starre befreit und menschlich macht. Es war die Zeit, in der sich die Handwerker neu wahrnahmen. Zunehmend sahen sie sich als Künstler, die nicht mehr nur die Aufträge anderer erfüllten, sondern ihre eigenen Gedanken und Vorstellungen künstlerisch umsetzten. Sie arbeiteten jetzt auch zu ihrem eigenen Ruhm und signierten ihre Werke mit ihrem Abbild – zu Recht.

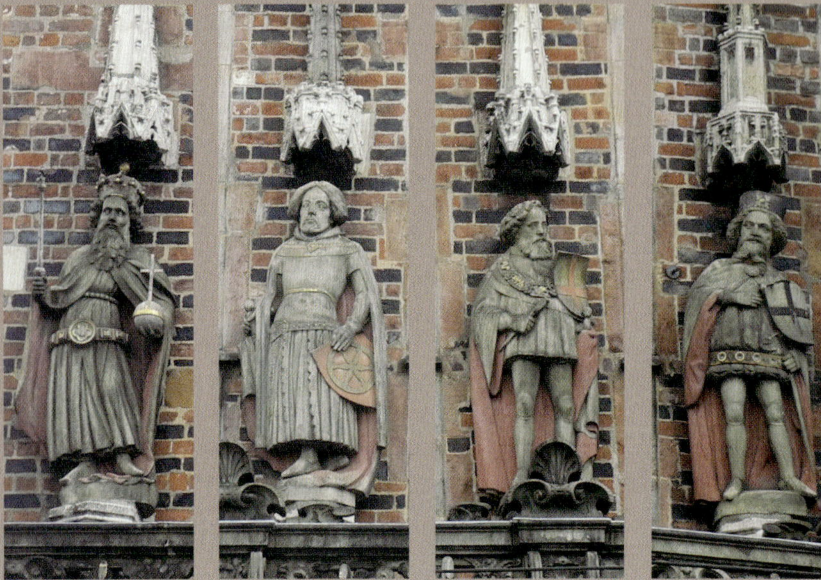

Der Kaiser und die Kurfürsten

9

1405–1407, 1960/61

● Rathausfassade, Marktplatzseite

Seit der Fertigstellung des alten Rathauses 1410 stehen acht überlebensgroße steinerne Figuren zwischen den Fenstern der Südfassade. Sie waren 200 Jahre lang zusammen mit den Figuren an der West- und der Ostseite der einzige Schmuck am gotischen Bau, der bis zur Umgestaltung zu Beginn des 17. Jahrhunderts einer Burg mit Zinnen, Schießscharten und einem Wehrgang glich. Die Skulpturen stellen von links nach rechts gesehen den Kaiser und die sieben Kur-

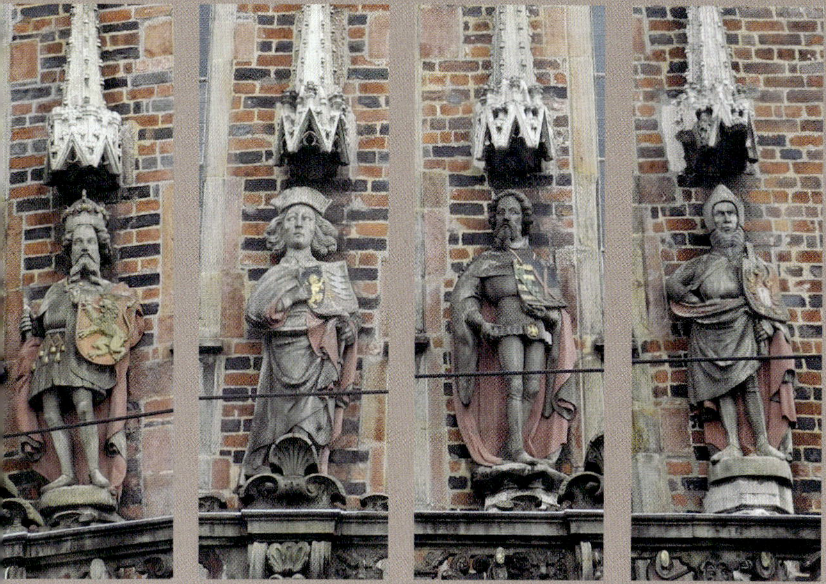

fürsten von Mainz, Trier und Köln, den Kurfürsten und König von Böhmen sowie die Kurfürsten von der Pfalz, Sachsen und Brandenburg dar. Sie stehen auf Konsolen, einige werden von Männer- und Frauenköpfen gestützt. Wen diese Köpfe darstellen, ist heute kaum noch zuzuordnen. Es gibt jedoch verschiedene Ideen, zum Beispiel vermutet man, dass unter der Konsole des letzten, des Kurfürsten von Brandenburg, die Äbtissin des Klosters Lilienthal abgebildet sein könnte, denn sie soll für den Rathausbau Geld gegeben haben. Die Konsole des Kurfürsten von der Pfalz könnte Brede, die Ehefrau des Bildhauers Meister Johannes, stützen.

Die Standbilder sind keine Denkmäler für individuelle Persönlichkeiten, die um 1400 lebten, sondern bilden zusammen betrachtet ein Denkmal für das Wahlkaisertum und die Personifikation des Kaisertums allgemein.

Die heute zu sehenden Figuren sind Kopien. Der Bremer Senat beschloss 1958 nach eingehender Untersuchung, dass man die mittelalterlichen Figuren nicht weiterhin ungeschützt an der Fassade belassen dürfe. Sieben der Kopien wurden 1960 fertig und an der Fassade platziert, die Kaiser-Statue entstand 1961. Die neuen Figuren aus Obernkirchner Sandstein mit einem Gewicht von jeweils zwölf Zentnern fertigten Bremer Bildhauer und eine Bildhauerin in ihren Werkstätten nach den Originalen aus Elmkalkstein. Den Kurfürsten von Mainz kopierte Herbert Kubica, jenen aus Trier Kurt Lettow und den Kölner schuf Alfred Horling. Den König von Böhmen und später den Kaiser nahmen sich Ludwig Ahner und seine Frau Ingeborg Ahner-Siese vor, den Kurfürsten von der Pfalz meißelte Georg Arfmann, den Sachsen kopierte Edmund Lüttschwager, der Brandenburger Kurfürst stammt von Hans Breitenbach. Die Originale kann man seit 1964 in der Eingangshalle des Focke-Museums bestaunen, auch wenn die ursprünglich vielfarbige Bemalung so gut wie gar nicht erhalten ist. Aber es ist dort möglich, die Großartigkeit der mittelalterlichen Steinschnitzkunst aus der Nähe zu bewundern. Denn der Originalstandort ist vom Markplatz aus ziemlich weit entfernt. Im Rahmen der großen Fassadensanierung 2001/02 wurde die dezente Farbigkeit der Kopien aufgefrischt und mit Goldtupfern veredelt.

Ganz links erkennt man den Kaiser an seiner Krone, dem Reichsapfel mit Kreuz und seinem Zepter. Die einzelnen Kurfürsten identifiziert man durch ihre Wappenschilder, die sie in Händen halten. Jede Figur ist aufwendig und detailreich gekleidet. Die Mäntel sind schwungvoll drapiert, die Strümpfe haben Muster, die kurzen oder langen gefältelten Röcke werden von geschmückten Gürteln zusammengehalten, und auf den gelockten Frisuren prangen verschiedene Kopfbedeckungen. Der Kurfürst von Brandenburg hat sogar seinen Rüstungshelm aufgesetzt, während der König von Böhmen selbstverständlich seine Krone trägt. Kunstvoll gedrehte Bärte gehören bei einigen ebenfalls zum Outfit. Jede Figur ist anders, nicht nur in der Kleidung, sondern auch in der Kopfhaltung sowie der

Arm- und Beinstellung. Die detaillierte Pracht wurde noch durch die Bemalung unterstrichen. Diese Individualität macht die steinernen Herren lebendig, als würden sie für uns posieren wie bei einer Modenschau, denn jeder ist sich seiner Stellung und politischen Bedeutung bewusst.

Die ursprünglichen Bildhauer mit Meister Johannes an der Spitze (vgl. *Meister Johannes*), die diese Meisterwerke aus Stein gehauen haben, orientierten sich vermutlich an lebenden Zeitgenossen und schufen so Bildnisse von Mitmenschen, die sie aufwendig inszenierten. So erhalten wir auch noch einen Einblick in die mittelalterliche Kleidermode hochgestellter Männer.

Mit der Goldenen Bulle von 1356 bestätigte Kaiser Karl IV. das bereits bestehende Wahlkaisertum. In diesem wichtigsten Gesetz waren die Modalitäten der Wahl und der Krönung zum Kaiser des Heiligen Römischen Reichs (deutscher Nation) festgelegt, es hatte Bestand bis zum Ende des Reiches 1806. Dieses »unser keiserliches rechtbuch«, wie Karl IV. es nannte, war eine Art Grundgesetz des Reiches mit seinen vielen verschiedenen Völkern und Kulturen. Seine Regelungen sollten das Reich festigen, Streitigkeiten um die Kaisernachfolge vermeiden und Kriege innerhalb des Reichs mit seinen vielen Territorialherren verhindern. Mit der Anbringung des Figurenprogramms bekannte sich die Stadt Bremen eindeutig zu diesem Kaisertum. Vor allem aber positionierte sich Bremen als unabhängige Reichsstadt. Eine entsprechende echte Urkunde besaß Bremen zwar nicht, erst das Linzer Diplom von 1646 bestätigt Bremens Reichsunmittelbarkeit, aber wer wusste das damals schon so genau? Die spitzen gotischen Baldachine, unter deren Schutz die wichtigsten Repräsentanten des Reichs stehen, symbolisieren als rein sakrale Form die von Gott gewollte Ordnung, exekutiert vom Kaiser (von Gottes Gnaden), den drei geistlichen und den vier weltlichen Kurfürsten. Das war sicher als Affront gegen die Erzbischöfe gemeint. Selbst heute noch hat das Kurfürstensystem Relevanz, haben doch die einzelnen Länder in der föderalen Bundesrepublik starke Positionen.

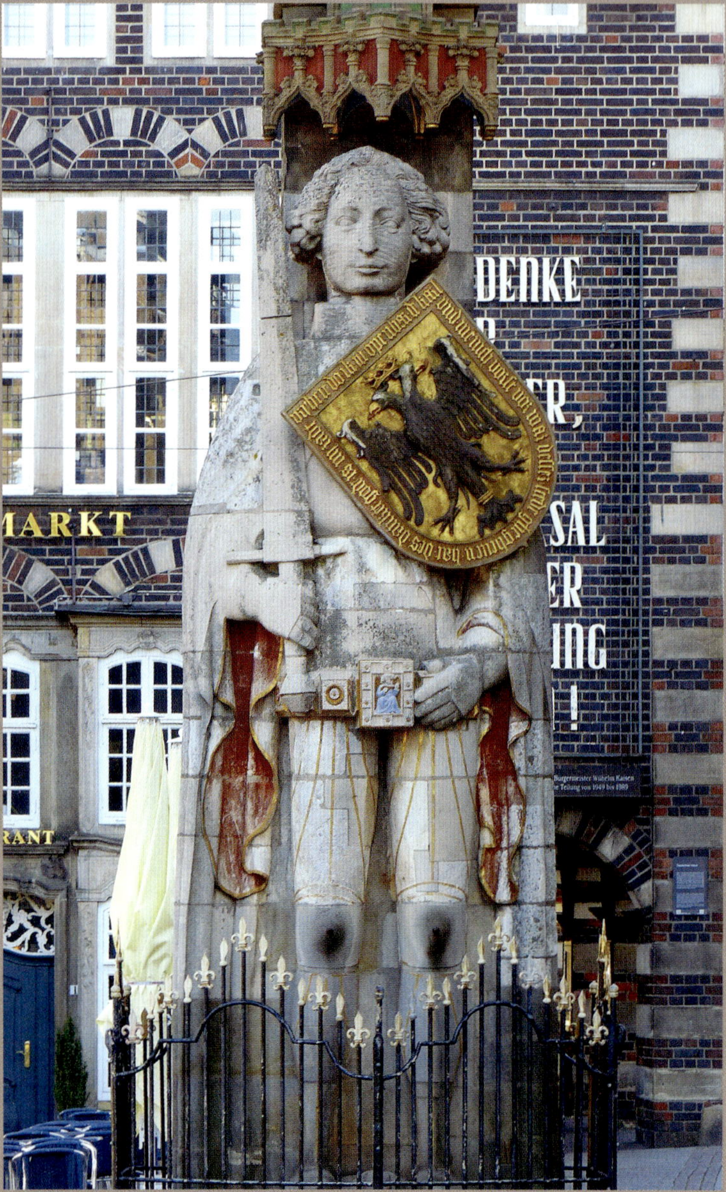
DENKE
MARKT

Roland

1404

Marktplatz

10

Seit 1404 steht die Roland-Statue auf dem Bremer Marktplatz. Sie ist eines der Wahrzeichen Bremens und die älteste hier im öffentlichen Raum aufgestellte Männerfigur. Für die Hansestadt ist der *Roland* von großer Bedeutung, denn er wird als Freiheitssymbol interpretiert. Mit Freiheit meinte man im Mittelalter vor allem Stadtrechte wie z. B. freien Handel ohne Zölle und ohne Steuerpflichten, heute versteht man darunter den Status als selbstständiges Bundesland. Die große Bedeutung, die dieser Figur seit dem Mittelalter beigemessen wird, drückt sich u. a. in der Gesamthöhe des Denkmals aus: Vom Sockel bis zur Spitze des Steinbaldachins misst das Standbild 10,21 Meter, der *Roland* selbst ist etwa 5,50 Meter hoch (in der Literatur werden meist 5,47 Meter angegeben, in der Denkmaldatenbank hingegen 5,55 Meter). Ein Gitter mit Goldspitzen umschließt den *Roland* über dem Sockel. Damit will man verhindern, dass das mittelalterliche Meisterwerk, das heute auch bei Touristen ein beliebtes Fotomotiv ist, beschädigt wird. Zu *Rolands* Füßen liegt als Hochrelief ein steinernes, dem *Roland* ähnelndes Männergesicht mit Händen an den Seiten. Die beliebteste Erklärung ist der »Krüppel« aus der Gräfin-Emma-Sage zur Stiftung der Bürgerweide. Er soll damals die große Weidefläche umkrochen haben. Doch tatsächlich weiß niemand, was das Bildnis wirklich bedeutet.

Der historische Roland

»Rodlan«, »Hruodland« oder »Rotlan«, Markgraf der Bretagne, ist durch Urkunden und zeitgenössische Münzen belegt. Der fränkische Gelehrte Einhard, Biograf Karls des Großen, berichtete ausführlich und ungeschönt von der Schlacht im Tal von Roncesvalles in den Pyrenäen am 15. August 778, bei der die Nachhut des königlichen Heeres mitsamt seinen adeligen Anführern in einen Hinterhalt geriet und alle Männer von Basken niedergemetzelt wurden. Karl hatte sich erhofft, Teile Nordspaniens zu erobern und dabei gleichzeitig das aufmüpfige Bergvolk südlich und nördlich der Pyrenäen besser zu kontrollieren. Der Name »Roland« tauchte in den ältesten Fassungen der Biografie allerdings nicht auf. Erst nachträglich wurde er eingefügt und damit der ganze desaströse Feldzug des Königs zur späteren Heldenlegende uminterpretiert.

Roland macht Karriere in der Literatur

Im 11. Jahrhundert entstand in der Normandie vom Autor Turold der sogenannte Oxforder Text des Roland-Liedes *Chanson de Roland*. Es wurde den französischen Normannen von einem Spielmann zur Ermutigung vorgespielt, bevor sie 1066 in die Schlacht von Hastings zogen und England eroberten. In diesem Text ist Roland nicht ein Ritter unter anderen, sondern bereits der Führer der karolingischen Nachhut. Er wird nicht von Basken, sondern von Sarazenen, also Arabern, angegriffen und vernichtet, weil ihn sein neidischer Stiefvater Ganelon verraten hat. In dieser Fassung geht es um den Konflikt zwischen dem König und den mächtigen, nicht immer treuen Adeligen. Das altfranzösische *Chanson de Roland* erhielt im Laufe des 12. bis 14. Jahrhunderts verschiedene Textfassungen mit unterschiedlichen Motivschwerpunkten für Rolands Handeln. Um 1130 entstand die *Geschichte von Karl dem Großen und Roland*. Nachträglich wurde sie Turpin, dem Erzbischof von Reims, einem Zeitgenossen Karls zugeschrieben. Darin wird die gesamte Nachhut mit Roland im Kampf gegen die Heiden vernichtet und Roland wird zum ersten Mal als Märtyrer bezeichnet. Dass es die christlichen Basken waren, die die Männer umbrachten, wird auch hier verschwiegen. Die Tat wird ebenfalls den Sarazenen angelastet.

Um 1170 übersetzte und veränderte der Geistliche Konrad am Hof des Welfenfürsten Heinrich des Löwen in Regensburg den altfranzösischen Text in das mittelhochdeutsche *Rolandslied des Pfaffen Konrad*. Hier wird Roland zum Vorbild des christlichen Ritters, der die jungen adeligen Kreuzfahrer des 12. und 13. Jahrhunderts motivieren soll, in Jerusalem das Heilige Grab zu befreien und zu verteidigen. Roland handelt nun nicht mehr aus persönlichem Ehrgeiz, jetzt geht es um einen Platz im Paradies. Schließlich wird Roland zur Symbolfigur des adeligen Gottesstreiters, er verkörpert die höchsten ethischen Werte Gott, König, Heimat und Ehre. Unzählige Darstellungen an und in Kirchen, allein oder mit Karl dem Großen, sollten den Sieg über die Heiden bezeugen und zu neuen Kreuzzügen ermuntern. Auch an den Pilgerrouten nach Santiago de Compostela verweisen Darstellungen seines Kampfes mit Schwert und Horn auf den oft als heilig bezeichneten (obwohl nie heiliggesprochenen) Roland, da er angeblich das Grab des heiligen Jacobus Major (vgl. *Jacobus Major*) aus der Hand der Sarazenen befreit haben soll.

Um 1220 wandelte ein fahrender Dichter aus Rheinfranken das Rolandslied in eine Lebensbeschreibung des 1165 heiliggesprochenen Kaisers Karl um. In Dantes *Göttlicher Komödie* um 1320 ist Roland im fünften Himmel aufgenommen, wo die Seelen jener Menschen leben, die für ihren Glauben starben. Zu Beginn des 19. Jahrhunderts erfuhr die Verehrung eine erneute Blüte. Friedrich Rückert machte ihn mit seinem romantischen Gedicht *Roland, der Ries', am Rathaus zu Bremen* von 1814/15 nach den napoleonischen Kriegen populär.

Der Bremer Roland im Ständekampf

Ab dem 15. Jahrhundert stellte man in vielen Städten monumentale Steinfiguren auf, die oftmals hölzerne Vorgänger hatten, so auch in Bremen spätestens seit den 1340er- oder 1350er-Jahren. 1366 verbrannten erzbischöfliche Knechte die Holzfigur jedoch. Diese Tat bezeugt bereits, dass der Bremer *Roland* nicht als Denkmal für den Bretonen und die Schlacht in den Pyrenäen aufgestellt worden war. Zu dieser Zeit regierte in Bremen Erzbischof Albert von Braunschweig-Wolfenbüttel als Albert II. Im Herbst 1365 begehrten Handwerkerzünfte und Ratsmitglieder der sogenannten »meenheit«, etwa der Mittelschicht entsprechend, gewaltsam gegen die Vorherrschaft der reichen Kaufleute im Bremer Rat auf. Der Rat konnte mithilfe von auswärtigen Adeligen den Aufstand niederschlagen und die Anführer wurden hingerichtet. Die Unterlegenen flohen und wandten sich an den Erzbischof. Tatsächlich stellte sich Albert auf die Seite der Aufständischen. Am 29. Mai 1366 drangen die Kriegsknechte und die Geflohenen in die Stadt ein und verbrannten die Roland-Figur. Es war eine symbolkräftige Tat, denn der *Roland* war vom Rat aufgestellt worden und nun wurde er auf Geheiß des Erzbischofs zerstört. Darüber hinaus plünderten die Truppen und die Rückkehrer das Rathaus und erzwangen die Wahl eines neuen Rats, jetzt mit mehr einfacheren Handwerkern. Die Stadt musste sich dem Erzbischof unterordnen. Das war eine Zumutung, denn seit 1217 bestand zwischen der Stadt und dem Erzbistum Gleichberechtigung. Der neue Rat konnte sich jedoch nur kurz halten. Schließlich musste Albert aufgeben, der Einfluss der Zünfte wurde wieder auf Berufsangelegenheiten reduziert, der Bürgereid verlangte einen Treueschwur gegenüber dem Rat, die erzbischöfliche Besatzung war bereits im September 1366 beendet und der Rat übernahm wieder die volle Macht. Es sollte dennoch 38 Jahre dauern, bis ein neuer *Roland* aufgestellt wurde, dafür aus Stein, dem Material für die Ewigkeit, und mit 5,47 Metern der (bis heute) größte – zwei Zentimeter größer als der *Roland von Belgern* an der Elbe.

Rolands Insignien und Zeichensprache

Unser Bremer *Roland* ist gleichzeitig als Heiliger und Ritter ausstaffiert. Alle Beigaben sind bedeutende Einzelinformationen und begründen die Schönheit der Figur. Er hält ein gezogenes Schwert, Beinschienen und Kettenhemd sind aufgemalt. Die Spitzen an den

Knien gehörten zur ritterlichen Rüstung, mit denen man im Zweikampf das gegnerische Pferd verletzen und zu Fall bringen konnte. Die praktischen Kaufleute definierten den Abstand der Spitzen als »Bremer Elle« (gut 55 Zentimeter) und hatten damit ein dauerhaft verfügbares Längenmaß gleich auf dem Markt. Bemerkenswert ist der fehlende Helm, der zur Standardausrüstung eines Ritters gehört. Ohne Kopfbedeckung aber demonstrierte ein Mann seine friedlichen Absichten. Dem fehlenden Helm steht das gezogene Schwert als Zeichen des kaiserlichen Rechts gegenüber, eine eher aggressive Geste. Die Roland-Figur warnt etwaige Angreifer – Auswärtige genauso wie den Erzbischof – und ist entsprechend ausgerichtet auf das alte Ostertor in der Stadtmauer sowie auf den Dom. Friedfertigkeit und Wehrbereitschaft sind sich ergänzende politische Aussagen.

Roland steht mit dem Rücken an einem Pfeiler und trägt einen weiten Mantel als Schutzsymbol für die Menschen. Der über 4 Meter hohe bemalte Baldachin demonstriert als sakrale Form den göttlichen Schutz und fügt Roland ein in die lange Reihe der Heiligen, obwohl er nie heiliggesprochen wurde. Der Laute spielende Engel in der Gürtelschnalle verheißt das Paradies, die Rosen am Rand und im Gürtel symbolisieren den Märtyrertod. Das verdickte Knauf-Ende des 2,90 Meter langen Schwertes ist ein weiterer Hinweis auf seinen (angeblichen) Kampf gegen die Heiden: Es stellt ein Reliquiar dar, in dem verschiedene Heiligen-Reliquien noch zusätzlichen Schutz geben, zu übermenschlichen Taten befähigen und darüber hinaus den himmlischen Auftrag belegen sollen. Der Bremer *Roland* ist somit eine zur Heiligenfigur stilisierte Wächtergestalt, die einerseits den christlichen Glauben verteidigt und andererseits die Wehrhaftigkeit Bremens demonstriert.

An der linken Schulter trägt *Roland* einen Schild. Er ist zwar ein weiteres Symbol für Wehrhaftigkeit und Schutz, aber mit dem doppelköpfigen schwarzen Adler und der Umschrift in niederdeutscher Sprache wird ein politischer Anspruch historisch begründet.

Den Adler als »König der Lüfte« verwendet man seit der Antike bis heute als Machtsymbol. Der Doppeladler in Schwarz auf Gold, so wie in *Rolands* Schild, wurde mit der Kaiserkrönung Sigismunds 1433 als Wappentier festgelegt und war demnach kein Reichssymbol von Karl dem Großen. Vielleicht bereits 1433 oder erst 1512 wurde im Zuge einer Grunderneuerung der Figur der alte Schild durch einen größeren ersetzt. Mit dem Adler auf *Rolands* Schild wollte die Stadt eine neue, grundsätzliche Botschaft überbringen: den Status als Reichsstadt mit Reichsunmittelbarkeit, d. h. ausschließlich dem Kaiser untertan und sonst niemandem, besonders nicht dem Erzbischof. Mit der Umschrift stellte man den ganz klaren Bezug zu Karl dem Großen her: *vryheit do ik ju openbar, de Karl und mennich vorst vorwar desser stede ghegheven hat, des danket god', is mi radt.* Sie behauptet damit, dass es Karl und andere Fürsten waren, die der Stätte/Stadt ihre Freiheitsrechte verliehen hatten, und dass man dafür, als gut gemeinter Rat, Gott danken solle.

Roland und die Reichsidee

Warum es überhaupt Roland-Statuen gibt, ist bis heute wissenschaftlich nicht eindeutig geklärt. Von keinem Ort, von keiner Stadt existieren erhaltene Ratsbeschlüsse. Vom Bremer *Roland* weiß man nur durch ein Rechnungsbuch, dass ihn der Rat aufstellen ließ und dass die Figur 170 Taler kostete. Auch bleibt zu fragen, woher die Popularität kam. Wer konnte, als hölzerne Rolande in Mode kamen, im 13. Jahrhundert und später, überhaupt lesen? Wer kannte das *Roland-Lied*? Wo kam der Kult her, 400 Jahre nach Roncesvalles? Die Überlegung, dass Roland als Mitkämpfer des Frankenkönigs Karl eigentlich für die angeblich verliehenen Privilegien stünde, so wie es in *Rolands* Schild zu lesen ist, wirft allerdings die Frage auf, warum man dann nicht gleich dem Herrscher selbst aufwendige Denkmäler widmete.

Das Aufstellen von Rolanden geht auf Karl selbst zurück. An Wegmarken, Brücken, Ufern und in für den Handel wichtigen Ge-

genden und Stadterweiterungen markierten bereits im späten 8. Jahrhundert Holz-Rolande die fränkischen Grenzräume und damit die gültige Reichsordnung anstelle der heidnisch-germanischen Irminsul. Roland verkörperte in den Augen Karls des Großen die christliche Reichsidee. Die größte Zahl der Roland-Figuren stand vorerst in den christlichen Glaubensinseln in den noch nicht voll befriedeten und integrierten Grenzgebieten der Sachsen und Westslawen

In den späteren Jahrhunderten lassen sich keine einheitlichen Motive von großen Städten und unscheinbaren Dörfern finden, sich mehr oder weniger prachtvolle Roland-Statuen zu gönnen. Jede Siedlung verfolgte eigene Ziele und Botschaften. Im Bremer *Roland* sieht man durch die Gesamtgestaltung vereint den christlichen Kämpfer, den Märtyrer, den Heiligen, den Beschützer, die christlich-politische Reichsordnung, vor allem aber sollte *Roland* ein Zeuge für wirkliche oder vermeintliche Privilegien sein, mit denen Bremen angeblich schon von Karl dem Großen persönlich ausgestattet worden war. Zum 600. »Geburtstag« im Jahr 2004 gelang es, den Bremer *Roland* gemeinsam mit dem Rathaus als Welterbe anerkennen zu lassen, obwohl die Figur durch viele Restaurierungen nur bruchstückhaft als Original erhalten ist. Der Kopf wurde 1983 kopiert und das Original ins Bremer Landesmuseum, das Focke-Museum, gebracht. Dort kann man heute ganz nah der besonderen Aura begegnen, die das milde Lächeln im Gesicht dieses Männerdenkmals verbreitet.

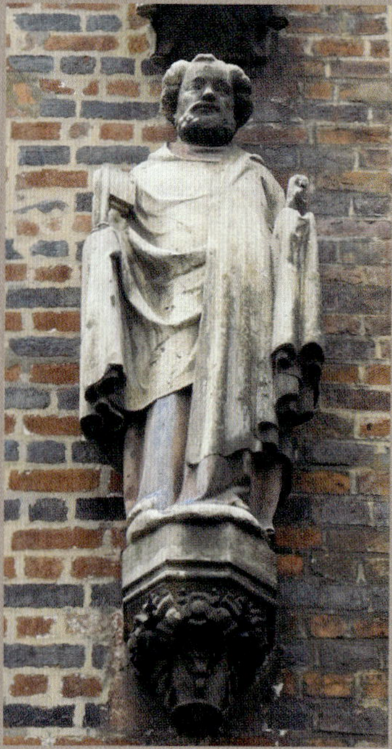

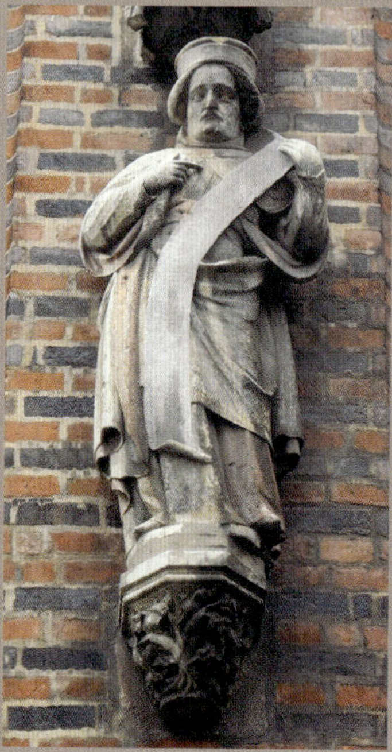

Die Propheten

11

1405–1407

● Rathausfassade Ostseite

An der Ostseite des Bremer Rathauses, dem Dom zugewandt, stehen unter gotischen Baldachinen vier Statuen, die aus der Zeit des Rathausbaus zwischen 1405 und 1407 stammen. Jahrzehntelang ging man davon aus, dass es sich um Kopien handelt, da der Senatsbeschluss von 1958 vorsah, dass alle 16 Rathausfiguren durch Nachbildungen ersetzt und die Originale im Focke-Museum untergebracht werden sollten. Dort sind die *Propheten* allerdings weder registriert

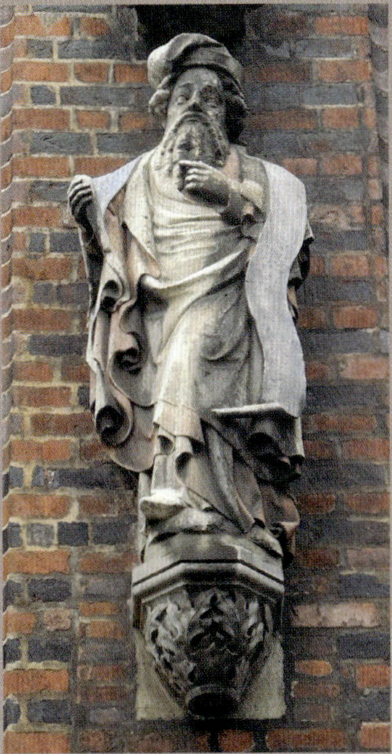
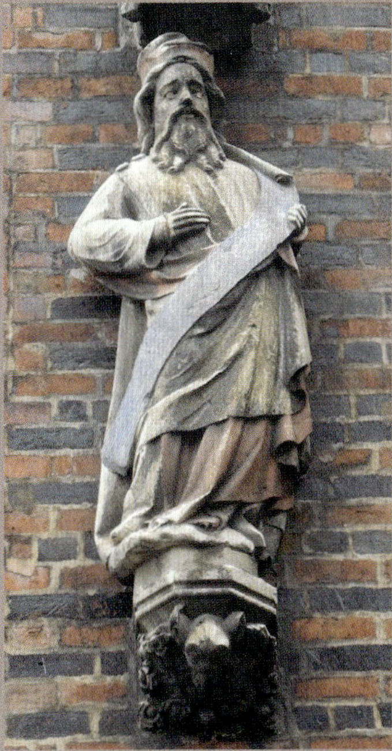

noch auffindbar. Doch der Vergleich der Oberflächen und Farben der kopierten Figuren an der Süd- und Westseite mit den *Propheten* im Zuge der Recherche für dieses Buch belegt eindeutig, dass an der Ostseite des Rathauses immer noch die Originalfiguren aus dem Mittelalter stehen! Offenbar hat man das Kopier-Vorhaben aufgegeben, die Statuen aber 1959 gesäubert und restauriert und an ihrem originalen Standort belassen.

Die linke Figur stellt den heiligen Petrus dar. Der Schutzpatron der Stadt hält in seiner rechten Hand den Schlüssel, mit dem er laut Glaubenslegende das Tor zum Himmel aufschließt und den die Bremer in ihrem Wappen zitieren (vgl. *Peter Fuchs u. a., Domfiguren*). Auch die linke Hand ist mit dem Stoff des Mantels bedeckt und hält einen nicht klar definierbaren Gegenstand, vielleicht einen Stein bzw. ein Stück Fels, auf dem Christus, laut Matthäus-Evangelium, seine Kirche bauen wollte. Die drei anderen Figuren identifizierte man früher anhand ihrer Namensbanderolen, heute kann sich auch die Forschung nur noch auf Überlieferungen und Vermutungen stützen, da die Namen verwittert sind und Attribute fehlen. Die Person rechts neben Petrus könnte Jona oder Daniel sein. Es folgen vermutlich Hiob und schließlich Moses. Wollte man eine theologische Begründung für die Auswahl dieser drei versuchen, wird es sehr kompliziert, auch weil nicht einmal einwandfrei festgestellt werden kann, wen die Statuen nun tatsächlich verkörpern sollten. Man bleibt im Ungewissen. So gibt es in der Literatur auch die Auffassung, dass die vorletzte Figur Moses und die letzte Salomon sein soll. Zweifelsfrei ist lediglich, dass es drei alttestamentarische Männergestalten sind.

Die bodenlangen Gewänder, über die faltenreiche Stoffbahnen drapiert sind, verleihen den vier Figuren eine beeindruckende Vitalität und Präsenz, unterstützt durch die teilweise blass-rötliche Bemalung. Die drei Männer neben Petrus halten mit einer Hand das schwungvolle, weiße Band und zeigen mit der anderen auf sich selbst. Sie tragen eigenwillige Kopfbedeckungen, denen sie ihre Individualität verdanken. Im Spätmittelalter hatten sich die Künstler bereits von vereinfachenden Schemata gelöst und der Mensch als Individuum rückte immer stärker ins Bewusstsein. Auch diese Figuren schuf Meister Johannes (vgl. *Meister Johannes*).

Die vier biblischen Personen stehen in engem Blickkontakt zum Dom, was auf die Religiosität des Rates hinweisen könnte. Oder war es eine Anmaßung der Regierenden, Statuen bedeutender Bibelvertreter, unter ihnen sogar ein Heiliger, an einem Profanbau zu platzieren, was man bis dahin ausschließlich von Kirchen kannte? Wenn man zusätzlich noch bedenkt, dass unmittelbar an diese Rathausseite das Palatium des Erzbischofs anschloss, so kann man sich vorstellen, dass mit diesem Programm noch etwas anderes gemeint gewesen sein könnte als eine ausschließlich religiöse Huldigung.

Das bürgerliche Selbstbewusstsein war im Zuge des Mittelalters so erstarkt, dass in den Städten repräsentative Rathäuser gebaut wurden. Bremen war seit 1356 wieder Mitglied der Hanse (erster Beitritt bereits 1260, Ausschluss 1285) und somit in einem Wirtschafts- und Handelsbund, der die Stadt reich und stolz machte. Das »olde radhus« aus dem 13. Jahrhundert an der Sögestraße war nun zu unscheinbar und zu klein. Schon die Wahl des Bauplatzes für das neue Rathaus kann als politische Demonstration und sogar als Provokation gegenüber dem Bremer Erzbischof gesehen werden: Bevor die Gläubigen in den Dom gelangten, mussten sie zuerst am Rathaus vorbei. Das neue Gebäude strahlte Würde und Hoheit aus und konkurrierte in seiner Multifunktionalität und Gesamtgestaltung mit dem Dom. Die Rathäuser wurden die neuen Kathedralen des Bürgertums, sichtbar gemacht durch sakrale architektonische Formen wie gotische Spitzbogenfenster mit Maßwerken und religiösen wie weltlichen Figuren unter Baldachinen. Diese Elemente waren den Menschen vertraut, jetzt entdeckten sie sie an den Rathäusern. Welch eine Aussage!

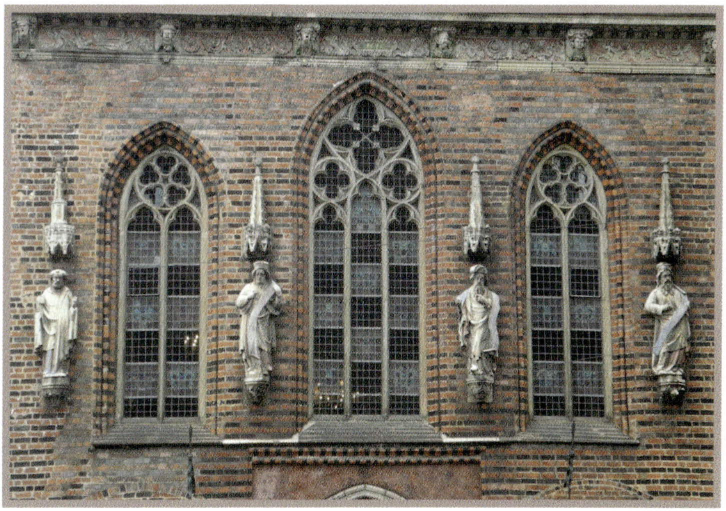

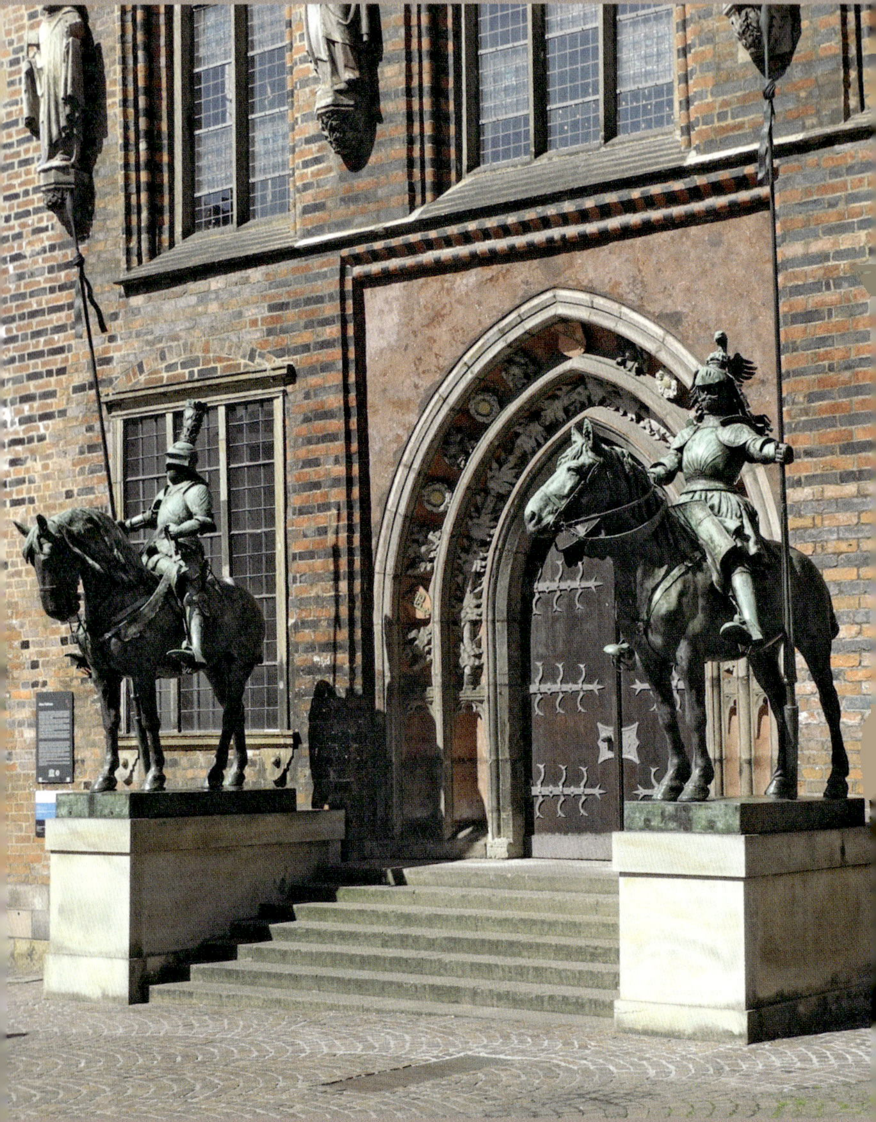

Herolde

12

1897/1901/2007

● Eingang zur unteren Rathaushalle, Ostseite

Das Ostportal des Rathauses wird nach jahrzehntelanger Unterbrechung wieder von zwei Reiterstandbildern flankiert. Sie werden traditionell als *Herolde* bezeichnet, obwohl sie auch andere Ritter sein könnten. Herolde waren offizielle Boten und genossen besonderen Schutz, heute würde man von diplomatischer Immunität sprechen. Erkennbar waren sie an ihrer speziellen Kleidung und dem Wappen ihrer Dienstherren. Sie konnten andere Ritter an deren Wappen identifizieren und führten entsprechende Wappenbücher oder Wappenrollen. Heute sind diese Informationen ein ganzer Wissenschaftszweig: Die Heraldik erforscht Geschichte und Bedeutung der Wappen.

Die Bremer Herold-Figuren wirken mit ihren erhobenen Lanzen und Rüstungen wie Wächter des Rathauseingangs, sind aber ausschließlich Schmuckfiguren. Ihre Herkunftsgeschichte ist originell und interessant, an diese soll hier erinnert werden: Die beiden Reiterstandbilder waren Geschenke des in Paris lebenden Bankiers John Harjes an seine Heimatstadt. Er hatte sich beim Besuch der Pariser Weltausstellung 1900 dermaßen für die beiden Figuren im deutschen Ausstellungspavillon begeistert, dass er sie kaufte und nach Bremen bringen ließ. Sie sind Verkleinerungen jener Figuren, die Rudolf Maison (vgl. *Neptun-Brunnen*) schon für das Berliner Reichstagsgebäude entworfen hatte und die 1945 von Metalldieben gestohlen wurden. In Bremen fand man erst nach langen Überlegungen 1901 den Standort an der Ostseite des Rathauses, wo man sie auf eigens gefertigten Sockeln aufstellte. Für das Westportal stiftete Harjes 1903 zwei stehende, ebenfalls von Maison entworfen Ritterfiguren. Sie wurden als Bronzegussplastiken 1942 eingeschmolzen.

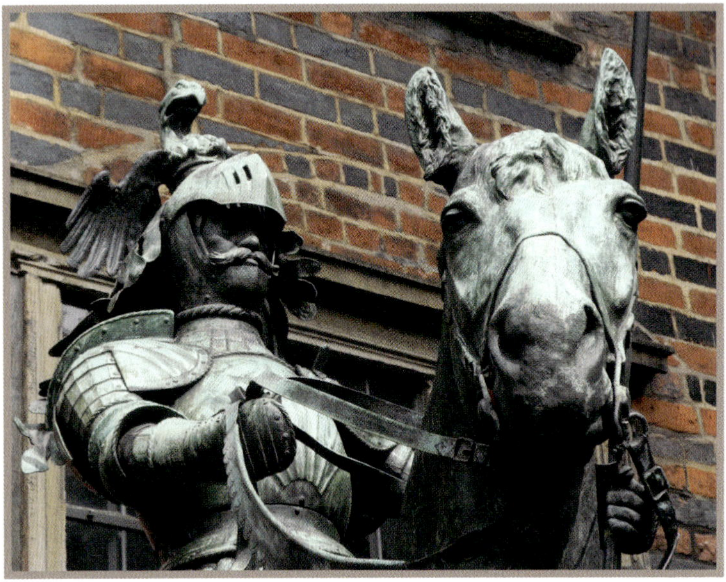

Die *Herolde* sind ein weiteres Beispiel für die Bemühungen einzelner Bürger, die Stadt Bremen durch privat finanzierte Kunstwerke zu verschönern. Die 3,40 Meter hohen, aus Kupferblechen getriebenen Reiter und Pferde aus der Frankfurter Kupferschmiede H. Knodt sind kunsthandwerkliche Meisterstücke. Ihre Lebendigkeit ist beeindruckend, ihr Detailreichtum bewundernswert. Die Reiter unterscheiden sich in ihren Gesichtern, Rüstungen, Helmen und Körperhaltungen und auch ihre Rösser sind verschieden. Sie könnten täuschend echte Abbilder lebender Modelle sein. Insofern sind die beiden Reiterstandbilder faszinierende Denkmäler für die aufwendig ausstaffierten Ritter der Vergangenheit sowie für die handwerkliche Kunstfertigkeit des Kupferschmiedes. Die Arbeit Rudolf Maisons entsprach offenbar dem Geschmack großer Teile der Bevölkerung und beeindruckte sie.

Maison war einer der bedeutendsten und bekanntesten Bildhauer im wilhelminischen Kaiserreich und beteiligte sich als beharrlicher Autodidakt an zahlreichen Künstlerwettbewerben. Er strebte in seinen Werken nach einem Höchstmaß an Naturalismus und »Naturwahrheit« und lehnte jede Idealisierung oder künstlerische Interpretation ab. Mit dieser Auffassung provozierte oder begeisterte er, je nach Standpunkt.

Beide Reiterstandbilder sind Originale. Da sie aus Kupferblech gearbeitet sind, schien der Materialertrag nicht lohnend, und so wurden sie keine Opfer der sogenannten Metallspenden für die Kriegswirtschaft. Sie überlebten die Bombardierungen Bremens im Bahnhofsbunker und wurden 1959 im Park der Egestorff-Stiftung in Osterholz aufgestellt. Sie wieder am Rathaus zu platzieren, galt als nicht mehr zeitgemäß, die Figuren wurden als Zeichen der Remilitarisierung und als sowieso nicht zum gotischen Rathaus von 1405 gehörend betrachtet. Im Rahmen der Kunstrochade 2003, als man etliche Werke zum 30. Geburtstag des Kunstprogramms *Kunst im öffentlichen Raum* von ihren angestammten Plätzen für eine bestimmte Zeit woanders in der Stadt aufstellte (vgl. *Mann mit Vogel*), kamen die beiden Reiter erneut an den Osteingang des Rathauses. Plötzlich erinnerten sich viele Bremer wieder an die *Herolde* und forderten zusammen mit Fachleuten, dass sie an diesem ursprünglichen Aufstellungsort dauerhaft bleiben sollten. Nach langen Diskussionen wurde diesen Wünschen entsprochen. Der damalige Bürgermeister Henning Scherf fand die Idee gut und auch der Landesdenkmalpfleger gab schließlich nach. Die Gegner argumentierten ähnlich wie 1959. Dass die Menschen in Osterholz den Verlust beklagten, ist verständlich. Sie erhielten als Entschädigung die Statue des Heiligen Michael von der zerstörten St.-Michaels-Kirche. Heute sind die Reiterfiguren wieder eine Attraktion und von ihrem angestammten Platz nicht mehr wegzudenken.

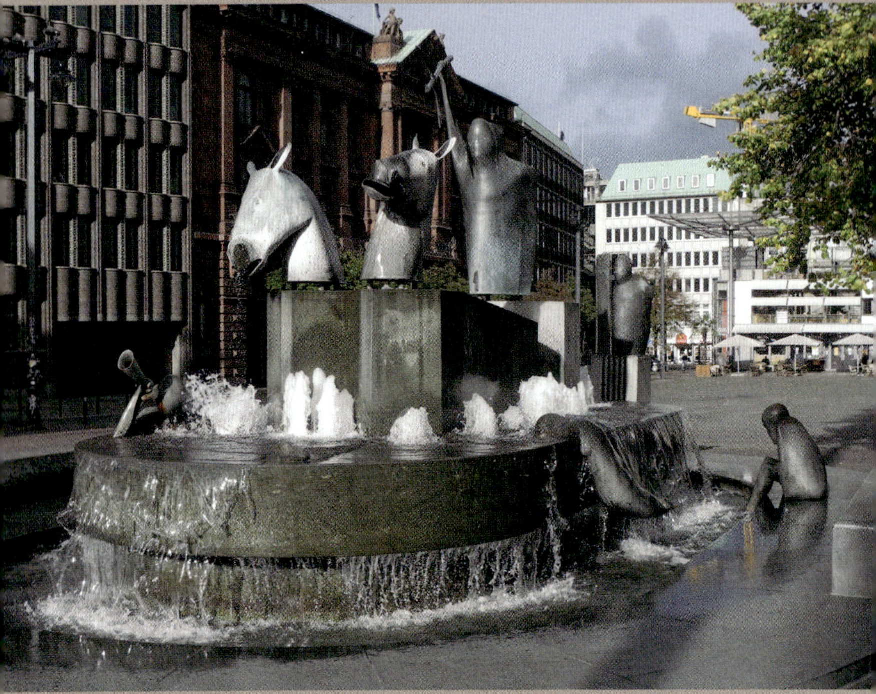

Neptunbrunnen

1991

13

südlicher Domshof

Auch eine moderne Gesellschaft kann sich für die antiken Mythen der alten Griechen und Römer begeistern. Ein eindrucksvoller Beleg dafür ist der Neptunbrunnen auf dem Domshof. Nach jahrzehntelangen Diskussionen wurde 1991 wieder ein Brunnen auf diesem Platz errichtet – mit den stattlichen Maßen von 14,50 mal 8,50 Metern, finanziert durch Spenden, Haushaltsmittel und Gelder aus der Stiftung Wohnliche Stadt.

Die Skulpturengruppe des ehemals an der Nordseite des Domshofs stehenden *Teichmann-Brunnens* aus dem Jahr 1899, benannt nach dem Stifter Gustav Adolph Teichmann, wurde 1940 als sogenannte Metallspende eingeschmolzen. Die Anlage bestand aus einem großen quadratischen Wasserbecken mit einer dramatisch aufgeladenen bronzenen Figurenkomposition in der Mitte: In einem Boot ruderte ein Seemann gegen Wellen und einen Kraken an; Triton, dargestellt als kräftiger Bursche, versuchte, das Boot aus der Gefahrenzone zu ziehen, und eine wohlgeformte Nixe half, es aus dem Wasser zu heben. Darüber stand auf einem Bein, leichtfüßig und fast schwebend, der nackte Handelsgott Merkur, das Ungemach besiegend, mit einem Ölzweig in der erhobenen Hand. Der Künstler Rudolf Maison (vgl. *Herolde*) hatte mit dem *Teichmann-Brunnen* eine Allegorie der Seefahrt geschaffen.

Der Worpsweder Bildhauer Waldemar Otto bezog sich mit seiner Anlage prinzipiell auf die Dynamik und Dramatik des alten Brunnens. Auch er drapierte eine Figurengruppe in einem Wasserbecken und platzierte noch andere Gestalten am Rand. Im Gegensatz zum Vorgänger schuf Otto ein Denkmal für den Gott Neptun bzw. Poseidon. Vielerorts in Bremen findet man Statuen, die den Herrn des Meeres verkörpern – ihm verdankten die Bremer angeblich ihren Wohlstand durch Fischfang, Seefahrt und Schiffbau. Auch hoch auf dem Giebel des Schütting steht eine Neptun-Figur mit ihrem typischen Dreizack (vgl. ebenfalls *Neptun* von Paul Halbhuber).

Waldemar Otto nahm den antiken Neptun-Mythos auf und beschreibt mit seinem Arrangement die Figuren und ihr Handeln. In der Mitte dirigiert der Meeresgott mit erhobenem Dreizack sein Pferdegespann. Mit ihm durchpflügt er die Meere und mit seiner Waffe beruhigt oder erregt er die See. Angekündigt wird er durch den Ruf seines voranschwimmenden Sohns Triton. Am östlichen Beckenrand sitzt der alte Meeresgott Nereus mit den Füßen im Wasser und sinniert mit hochgezogenen Schultern über seine Weissagungen. Vor ihm versuchen seine beiden fischschwänzigen Töchter, die Nereiden, zu Neptun hinaufzuspringen. Hinter Neptun steht außerhalb des Beckens die Proteus-Figur, ein weiterer Meeresgott. Otto zeigt dessen Wandlungsfähigkeit mittels einer Art Paravent, die der Bildhauer als Schale bezeichnet, in die sich der Gott zur Verwandlung hineindreht. So konnte er zu Wasser, zu Feuer oder zu einem wilden Tier werden. Laut Homers *Odyssee* soll er Poseidons Robben gehütet haben, eine von ihnen schwimmt dem Gefährt voran. Weiß man allerdings nichts über Proteus, so assoziiert man diese Figur mit einem urinierenden Mann hinter einem Sichtschutz. Die bräunlich verfärbten Rillen des Sockels beginnen direkt unter dem Geschlechtsteil und münden in eine kleine Wasserpfütze. Waldemar Otto hatte auch Humor.

Der Brunnen ist sehr aufwendig konzipiert. Das fast ovale Wasserbecken aus grünlichem italienischen Granit ist aus drei flachen Stufen aufgebaut. Aus dem mächtigen Podest in der Mitte sprudeln etliche unterschiedlich kräftige Fontänen, deren Wassermassen sich über den Rand des Steins in das Becken ergießen. Auf diesem Block wiederum steht der stilisierte eckige Wagen Neptuns als leicht nach hinten abgeschrägter Klotz mit zwei Pferdeköpfen darauf. Aus ihren aufgeblähten Nüstern spritzt in unregelmäßigen Intervallen Wasser, man sieht die Anstrengung für die Tiere und die Wildheit der Reise.

Eines von Waldemar Ottos Hauptthemen war der Mann. Diese Figuren sind durch das Genital eindeutig als Männer erkennbar, trotz der radikalen Vereinfachung der Körper. Oft sind seine Gestalten nur Torsi. Otto vermied eine eindeutige Individualisierung und so bleiben die Gesichtszüge immer indifferent verschwommen. Die Statuen können so jeden beliebigen Mann darstellen im Spannungsfeld zwischen Persönlichkeit und Körperlichkeit, niemals sind sie Abbilder. Diese besondere Art des Abstrakt-Konkret-Verhältnisses wurde Ottos typischer Stil. Die Figuren des Neptuns und des Proteus' sind noch zusätzlich radikalisiert. Sie sind keine Vollplastiken, ihre Rücken sind offen. Dort sieht man die vom Bildhauer absichtlich erhaltenen ehemaligen Gusskanäle, die den künstlerisch-technischen Prozess des Bronzegusses beschreiben. Die Hohlformen der Körper sind darüber hinaus der wichtigste Aspekt des Werkes neben seiner praktischen Aufgabe. Mit dem *Neptunbrunnen* überschreitet der Künstler die Erinnerungsfunktion eines Denkmals, indem er die philosophische Frage nach dem Verhältnis von Sein und Schein in der Realität anhand eines antiken Mythos aufwirft.

Den optimalen Platz für den *Neptunbrunnen* fand man mittels einer spektakulären Aktion. Zwanzig Studentinnen und Studenten des Kunstprofessors Otto schoben das maßstabsgetreue Styropormodell so lange vom Grasmarkt bis zum Domshof hin und her, bis keiner der Entscheidungsträger mehr Einwände geltend machte. Und diese waren zahlreich, denn unter dem Domshof befinden sich noch ein Tiefbunker und Gänge des Ratskellers, über denen man auch wegen der Wasseranschlüsse keinen Brunnen installieren kann, zudem sollte der Brunnen den Wochenmarkt nicht beeinträchtigen und nicht zu eng an den verschiedenen Gebäuden stehen.

Als Waldemar Otto 1994 seine Lehrtätigkeit an der Hochschule für Künste beendete, ließen sich einige Studentinnen am frühen Morgen eines kalten Novembertages nackt vor dem *Neptun-Brunnen* fotografieren und schenkten diese »Hommage à Waldemar Otto« als Poster ihrem verehrten Lehrer.

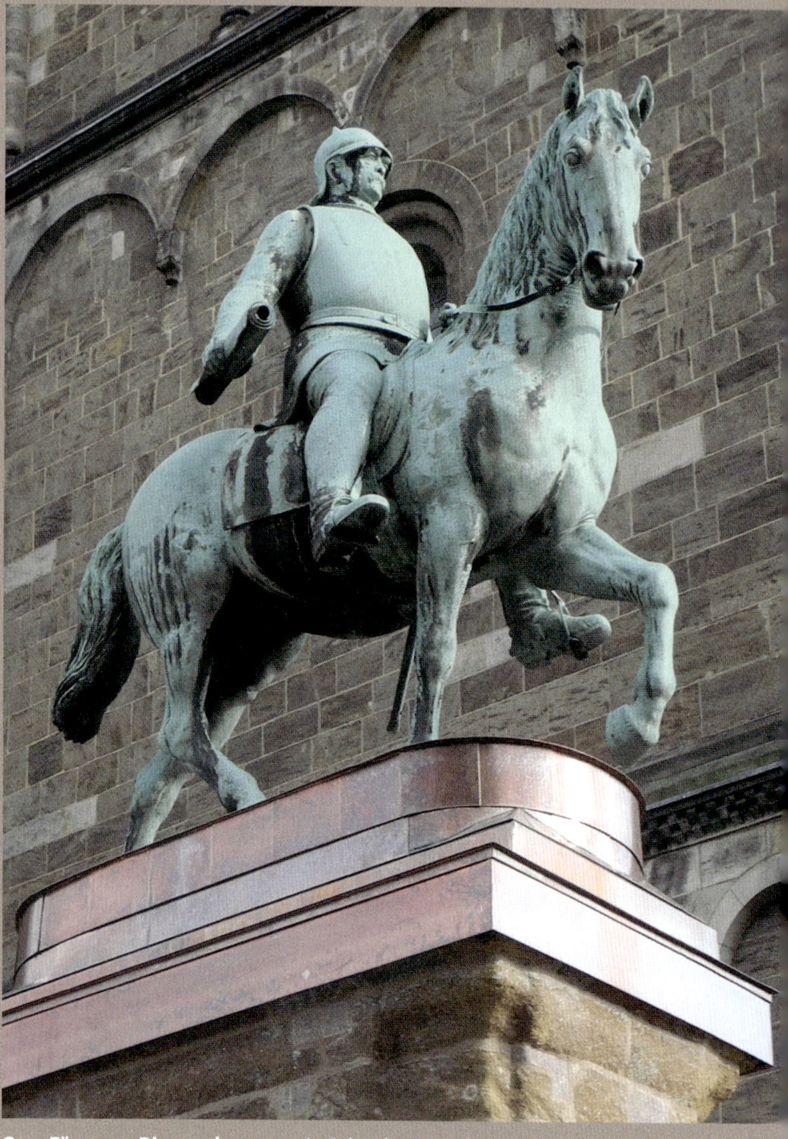

Otto Fürst von Bismarck, 1.4.1815 in Schönhausen als Otto Eduard Leopold von Bismarck-Schönhausen, ab 1871 Fürst von Bismarck – 30.7.1898 in Friedrichsruh

Bismarck-Denkmal

1910

14

● Nordwestecke Dom

Seit 1910 besitzt Bremen ein Bismarck-Denkmal. Es besteht aus einem sechs Meter hohen Sockel und der Bronzefigur des Reichskanzlers, auf einem Pferd reitend. Beide Figuren sind mit einer grünen Patina überzogen. Die Sockelhöhe führt dazu, dass man den Reiter nur schwer identifizieren kann, und heute wissen nur Eingeweihte, dass es sich um Otto von Bismarck handelt. 1910 hieß es, dass jedes Kind Bismarck kenne und man deshalb auf eine Namenstafel verzichten könne.

Der Sockel zwingt zum Aufschauen zur Person und gebietet Bismarck, ganz im Sinne der damals Beteiligten, die ihm zukommende Ehre im Sinne der Redewendung »jemanden auf einen Sockel stellen«. Unzählige Denkmäler in Form von Standbildern, Türmen, Steinen, Tafeln, Säulen und Büsten in den verschiedensten Ausformungen und Dimensionen sowie Straßennamen in fast jeder deutschen Stadt erinnern an den ersten Reichskanzler und Mitbegründer des Deutschen Reichs nach dem Deutsch-Französischen Krieg von 1870/71. Eine Welle von Nationalstolz führte damals zu einer regelrechten Heldenverehrung und mündete in die Aufstellung von Denkmälern auch für die anderen damaligen Akteure, Kaiser Wilhelm I. und Helmuth Graf von Moltke (vgl. *Moltke-Denkmal*). Einige Bismarck-Denkmäler errichtete man sogar schon zu Lebzeiten des Kanzlers, die meisten entstanden aber kurz nach der Jahrhundertwende.

Schon gut drei Wochen nach Bismarcks Tod gründete sich am 24. August 1898 in Bremen ein Komitee, das zu Spenden für ein Bismarck-Denkmal aufrief. Wieder war es der Bremer Großunternehmer Franz Schütte, der voranging. Innerhalb kürzester Zeit stand ein

Budget von über 200.000 Reichsmark zur Verfügung, zusammengetragen von Senatoren, Bankiers, Kaufleuten und anderen patriotischen Bürgern. Die Stimmung hatte sich gewandelt. Viele Kaufleute hatten den deutschen Einigungsbestrebungen jahrelang skeptisch bis ablehnend gegenübergestanden. Sie hatten massive Einschränkungen ihrer Handelsinteressen befürchtet und sich seit 1871 bis 1888 erfolgreich gegen den Zollanschluss gewehrt. Und tatsächlich, als Bremen Mitglied der Zollunion wurde, schossen die Preise für importierte Güter aus Übersee in die Höhe, was vor allem die Ärmeren bitter zu spüren bekamen; aber auf der anderen Seite erschlossen sich neue Märkte und billigere Produktionsstätten. Bremen begann mit dem Bau seiner Freihäfen (vgl. *Franzius-Denkmal*) und wurde in dieser Gründerzeit von einem wirtschaftlichen Aufschwung erfasst. Man söhnte sich mit der preußischen Obrigkeit aus. So genoss Bismarck wieder große Popularität, bereits am 22. Mai 1871 hatte ihm Bremen das Ehrenbürgerrecht verliehen und 1872 die Bismarckstraße nach ihm benannt. Belegt sind zwei Bremen-Besuche Bismarcks, 1853 und 1869.

Von der Idee bis zur Enthüllung des Denkmals am 9. Juli 1910 vergingen zwölf Jahre. Zuerst galt es, die Platzfrage zu klären. Die Innenstadt sollte es schon sein, die Wallanlagen schienen zu weit entfernt, freie Plätze aber waren schon mit anderen Werken bestückt bzw. verplant und ein würdiges Denkmal musste einen Ehrenplatz bekommen. Erst 1904 kam wieder Schwung in die Sache. Der damalige Direktor der Bremer Kunsthalle, Gustav Pauli, Sohn des Bürgermeisters Alfred Pauli, der mit Franz Schütte die Denkmalfrage vorangetrieben hatte, schlug ein Gutachten des Münchener Bildhauers Adolf von Hildebrand vor. Der reiste nach Bremen, sah sich um und schlug den Platz vor der Nordwestecke des Doms vor. Dazu fertigte er auch gleich eine Zeichnung von seiner Idee und bekam sofort den Auftrag: Bismarck als Reiter auf einem Pferd. Das gefiel dem Komitee, denn bis dato waren ausschließlich Herrscher, Heerführer und Heilige privilegiert, auf einem Pferd sitzend dargestellt zu werden.

»Wir sind eben Bremer«, soll Bürgermeister Pauli hanseatisch selbstbewusst angemerkt haben. Tatsächlich gibt es sonst nirgendwo ein Bismarck-Reiterdenkmal. Das gespendete Geld werde reichen, befand von Hildebrand. Aber plötzlich waren die 207.000 Reichsmark verloren, das Bankhaus, bei dem der Riesenbetrag deponiert war, stand in Konkurs. Franz Schütte rief sofort zu einer Krisensitzung des Denkmalkomitees im Schütting auf und innerhalb von 48 Stunden war die gleiche Summe von 37 Kaufleuten und Senatoren wiederbeschafft. Schütte allein legte 30.000 Reichsmark auf den Tisch. Am Ende blieb sogar noch Geld übrig, das je zur Hälfte der Bremer Kunsthalle und dem Bürgerpark gespendet wurde.

Als man Adolf von Hildebrand nach Bremen bat, war er der einzige Bildhauer im Denkmalkomitee. Für ihn war sofort klar, dass die Plastik in Bezug zur umgebenden Architektur stehen müsse, denn nur so könne man Größe und Form wirkungsvoll wahrnehmen. Die umgebenden Gebäude, der Dom, die damalige Neue Börse und das Neorenaissance-Gebäude am Domshof, bieten einen höchst abwechslungsreichen architektonischen Hintergrund für die Skulptur und bewirken eine gegenseitige Belebung. Damit bezog sich von Hildebrand wieder auf Traditionen, als man Statuen vor Tempeln, Triumphbögen und an Kirchenwänden platzierte. Eine frei stehende Skulptur im Raum hingegen ist isoliert und hat auch nichts mit der Umgebung zu tun, ja sie ist geradezu beliebig und vereinsamt.

Die Reiterskulptur sieht man schon von Weitem. Man kann sich ihr nähern und sich entfernen, und unabhängig vom Standort des Betrachters ist die Monumentalität nirgendwo eingeschränkt. Für dieses Raumerlebnis verantwortlich steht nach von Hildebrands Auffassung zuerst der Sockel des Denkmals. Seine schlanke, rechteckige Form zieht den Blick nach oben und baut eine respektvolle Distanz zur Figur auf. Die groben braunen Marmorquader mit den senkrechten und waagerechten Simsen harmonieren perfekt mit den Stufen vor dem Dom, der Domfassade im Westen und Norden sowie dem Börsengebäude. Oben auf dem Steinoval ist gerade genug Platz für die bronzene Reiterskulptur als grazile Kontrastform. Es scheint, als wolle das Pferd gleich den nächsten Schritt vorwärts machen, es wirkt elegant, lebendig und stark. Zweifelsfrei bezieht sich diese Vitalität auf den Charakter seines tatkräftigen Herren, der bis ins hohe Alter aktiv blieb. Die Bismarck-Figur hingegen wirkt massig, starr und entschlossen. Der »eiserne Kanzler« hat seine preußische Pickelhaube aufgesetzt, einen Brustpanzer angelegt und lenkt das Pferd mit der linken Hand. In der rechten hält er die Verfassungsrolle des Deutschen Reichs – die Bremer bestanden darauf, dass sie nicht wie ein Marschallstab aussehen dürfe. Das grimmige Gesicht ist mit dem dicken Schnauzbart realistisch porträtiert. Mensch und Tier sind auf klare Formen reduziert, denn von Hildebrand verzichtete bewusst auf jede Überladung durch schmückendes Beiwerk, wie es seit dem Barock üblich geworden war. Sein Konzept besteht aus klaren, senkrechten Linien wie Sockel, Beine, Arme und Oberkörper Bismarcks in Kombination mit den waagerechten Linien der Sockelsimse und des Pferderückens und -bauchs. Er begründete diese Komposition mit den uns Menschen angeborenen Grundrichtungen durch die vertikale Stellung unserer Körper zur Erde und der horizontalen Lage unserer Augen. Ein beruhigendes Gefühl werde im Menschen ausgelöst, wenn er diese ihm eigenen Grundrichtungen wiedererkenne (vgl. *Moltke-Denkmal*).

Betrachtet man heute das Bremer Bismarck-Denkmal, so ist die künstlerische Innovation Adolf von Hildebrands vollständig in den Hintergrund gedrängt und kein Anlass mehr für eine besondere ästhetische Wertschätzung. Gedanken macht man sich heute lediglich darüber, ob das Denkmal erhaltenswert ist und ob man Geld für die Restaurierung ausgeben soll. Im Vordergrund der Überlegungen steht dabei immer die Person Bismarck, die je nach politischem Standpunkt bewertet wird. Schon nach dem Zweiten Weltkrieg, als man Ross und Reiter aus der Schutzummauerung an der Domwand befreite, gab es aus dem sozialdemokratischen Lager Stimmen, das Denkmal nicht wieder aufzustellen. Das Sozialistengesetz von 1878 war unvergessen, für Bürgermeister Wilhelm Kaisen hingegen war die bismarcksche Sozialgesetzgebung das Gegenargument. Kaisen setzte sich durch. Seit dem 23. September 1952 steht das Reiterdenkmal wieder an seinem alten Platz und seit 1973 unter Denkmalschutz. Seit den Restaurierungsarbeiten 2020 ist der oberste Sockelbereich durch Kupferummantelungen vor weiterer Verwitterung geschützt.

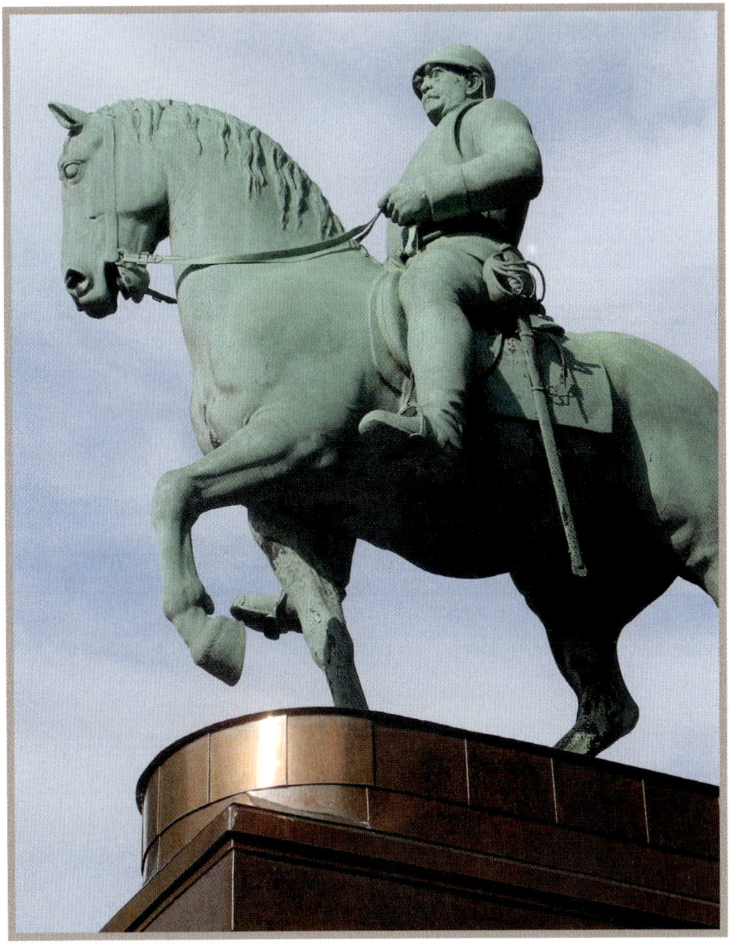

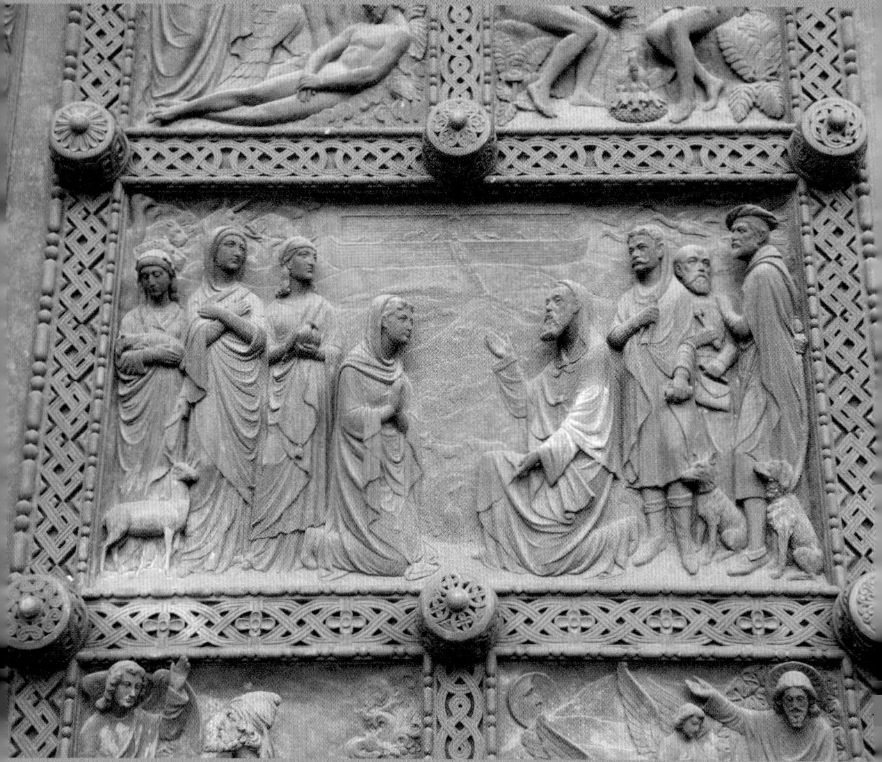

Peter Fuchs, 27.9.1829 in Köln – 31.7.1898 ebenda
Ernst Franz Schütte, 21.11.1836 in Bremen – 11.2.1911 ebenda
Max Salzmann, 20.8.1850 in Breslau – 6.2.1897 in Bremen

Peter Fuchs Franz Schütte Max Salzmann

15

1894

● linkes Domportal

Im Zuge der Domsanierung von 1889 bis 1901 erhielten die beiden Portale ihr heutiges Aussehen. Die gegossenen Bronzereliefplatten erzählen Geschichten des Alten und des Neuen Testaments. Im linken Portal stehen in der großflächigen Szene der Arche Noah rechts von Noah drei ca. 30 Zentimeter hohe Halbplastiken, deren individuelle, fein gearbeitete Gesichtszüge Max Salzmann, Franz Schütte und Peter Fuchs porträtieren. Es sind unauffällige Denkmäler zu Ehren des Dombauarchitekten, des Dombauherrn und des Künstlers. Diese drei maßgeblichen Männer schufen die Illusion, dass der heutige Dom in seiner Gesamtgestaltung aus dem Mittelalter stammt.

Peter Fuchs war ein viel beschäftigter Mann und hatte sich seit den 1860er-Jahren einen vorzüglichen Ruf als Steinbildhauer von Kirchenfiguren erworben. So stammen z. B. ca. 700 Skulpturen am und im Kölner Dom und auch die fünf Figuren an der Bremer Domfassade von ihm (vgl. *Domfiguren*). Als Traditionalist orientierte er sich an mittelalterlichen Bildgestaltungen und so merkt man kaum, dass seine Bremer Werke gerade erst gut 125 Jahre alt sind.

Wie sein großes Vorbild der italienischen Renaissance, Lorenzo Ghiberti, der in einzigartiger Weise aus teilvergoldeten Relieftafeln eine Tür am Florentiner Baptisterium schuf, setzte auch Peter Fuchs seine Bildtafeln zu großen Flächen zusammen. Detailreich gearbeitet und meisterlich in der Kölner Gießerei von Joseph Louis gegossen, waren beide Türen 1894 und 1898 fertiggestellt und eingebaut. Von der Genesis bis zur Auferstehung Christi steht eine Bilderbibel aufgeschlagen vor unseren Augen.

Geschickt fügte Peter Fuchs die Bildnisse von sich und den beiden anderen Hauptakteuren ein. Diese Figuren unterscheiden sich durch die Kleidung deutlich von den anderen fünf Personen in ihren antiken langen Gewändern, dennoch bemerken vermutlich nur Bibelkenner, dass sich drei fremde Männer der Gesellschaft um Noah angeschlossen haben, der laut Bibel nur noch seine drei Söhne, die Ehefrauen und die Tochter mit auf die Arche nehmen durfte. Mit seiner eigenen Darstellung am rechten Bildrand schuf Peter Fuchs von sich die größte Figur, die einzige, die die Gesamthöhe der Tafel einnimmt und eine flotte, an ein Barett erinnernde Kopfbedeckung trägt. Er inszenierte sein eigenes Denkmal, das ihn selbstbewusst und stolz in einem seiner Werke verewigt. Allein die Platzierung im Noah-Bild kann als Indiz gewertet werden, dass er sich und seine beiden Hauptmitstreiter zu den wenigen Auserwählten zählen würde, die die Sintflut überlebt hätten. Die beiden brav sitzenden Hunde am rechten unteren Bildrand symbolisieren wohl die Treue; es könnten aber auch zwei der Herren Hundebesitzer gewesen sein.

Gegen den Widerstand der beiden anderen platzierte Fuchs in der Noah-Tafel auch die Figuren von Franz Schütte mit Tasche und Hammer sowie von Max Salzmann mit einem Zirkel.

Franz Schütte ist eine der herausragendsten Persönlichkeiten der Bremer Geschichte. Die Liste seiner Aktivitäten ist lang und seine vielen Unternehmungen waren höchst erfolgreich. Er verdiente ein sagenhaftes Vermögen und wurde ein großzügiger Mäzen der Stadt. Er handelte mit Tabak und Öl, gründete die Werft Bremer Vulkan, eine Heringsfischereigesellschaft, eine Dampfschifffahrtsgesellschaft und die Fruchthandelsgesellschaft. Er unterstützte die Anlegung des Bremer Bürgersparks ebenso wie den Bau des Neuen Bremer Rathauses und vieles mehr (vgl. *Bismarck-Denkmal, Turmbläserbrunnen*). Seine nach ihm benannte Stiftung hilft seit 1916 Familien in Not. Als ehrenamtlicher Dombauherr brachte er durch geschickte Grundstücksveräußerungen der Domgemeinde sowie mit eigenen Mitteln einen Großteil des nötigen Kapitals für die umfassende Domrestaurierung auf.

Der Dom befand sich am Ende des 19. Jahrhunderts in einem seit Jahrhunderten immer erbärmlicher gewordenen Zustand, den Schütte und andere Männer der Tat nicht mehr hinnehmen wollten. Zusammen mit Dombaudirektor **Max Salzmann** gelang der große Wurf. Salzmann hatte sich mit seinem Entwurf zur Neugestaltung der Westfassade der Jury empfohlen und den ersten Preis gewonnen. Vor allem die beiden fast 100 Meter hohen Türme mit den spitzen gotischen Helmen, der über die gesamte Westfront verlängerte Arkadengang, die Domfiguren und die Mosaike von Hermann Schaper in den Bogenfenstern, der mächtige Vierungsturm und die gesamte Innenausmalung, ebenfalls von Schaper, die Schütte allein finanzierte, waren das Ergebnis.

Heute ist den wenigsten bewusst, dass das aktuelle Aussehen des Doms nicht mehr aus dem Mittelalter erhalten ist, sondern das Resultat einer gewaltigen Gemeinschaftsarbeit war, maßgeblich vorangetrieben von Franz Schütte und Max Salzmann. Im Nordschiff befindet sich an der Wand über dem Gemeinschaftsgrab der ehemaligen Erzbischöfe eine Kupferplatte, die den Dom vor und nach der Restaurierung zeigt und an die Verdienste von Franz Schütte erinnert.

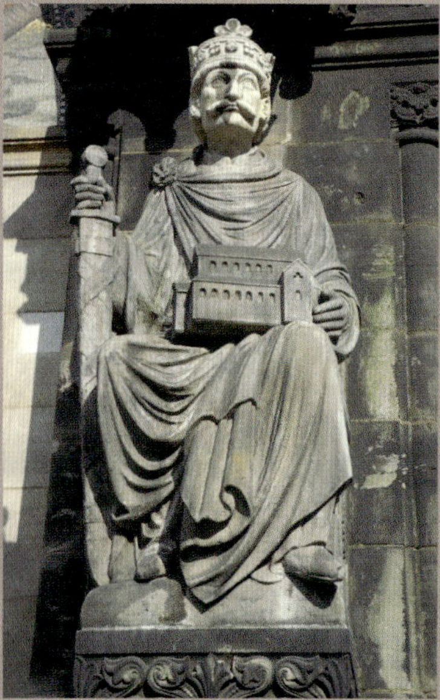

Karl der Große,
747/48 – 28.8.814 in Aachen

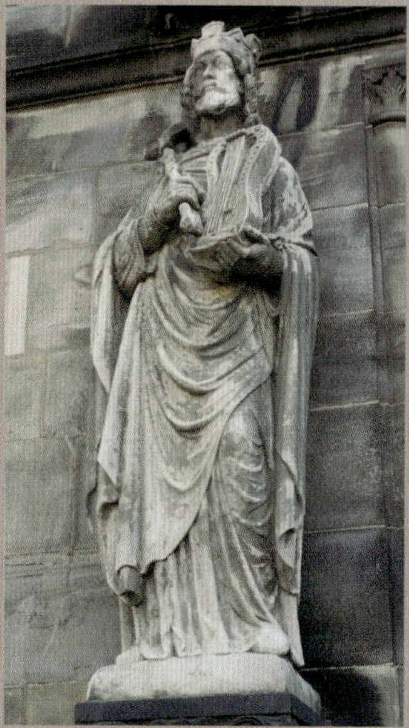

König David,
geb. um 1000 v. Chr.

Domfiguren

16

um 1894

Domfassade, Westseite

An der westlichen Domfassade stehen auf kurzen Granitsäulen und Schmuckkapitellen fünf überlebensgroße Steinfiguren. Es sind Originale des Bildhauers Peter Fuchs (vgl. *Peter Fuchs u. a.*) aus dem späten 19. Jahrhundert, als der Dom aufwendig historistisch restauriert und vielseitig geschmückt wurde. Die Denkmäler helfen, die Fassade symmetrisch zu gliedern, und vermitteln christliche Glaubens-

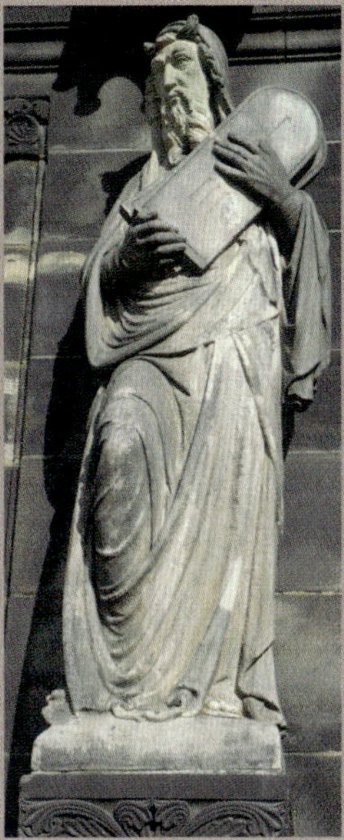

Moses

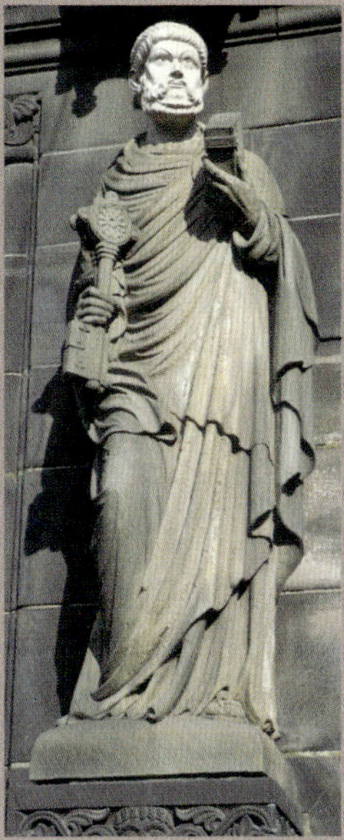

Apostel Petrus,
gest. um 66 n. Chr. vermutl. in Rom

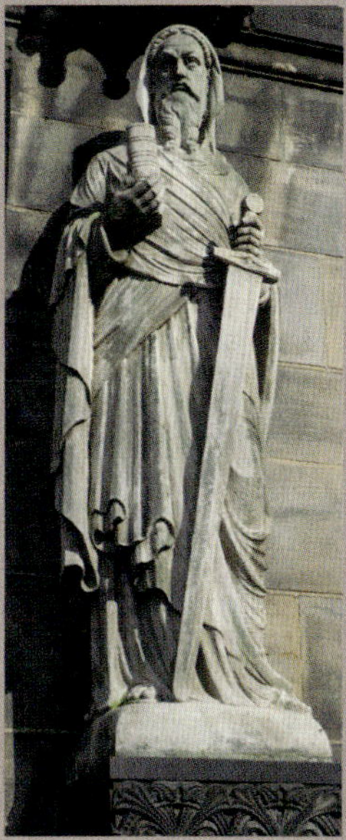

Apostel Paulus von Tarsus,
um 10 n. Chr. in Tarsus – um 60 n. Chr. in Rom

wurzeln und Domgeschichte. Der ursprünglich helle Sandstein ist heute an fast allen Stellen dunkelgrau, was zum einen dem Material mit seinen Eiseneinlagerungen und zum anderen Verschmutzungen geschuldet ist.

An der Fassade gab es in früheren Zeiten vermutlich keine Figuren, zumindest nicht durchgängig. Das große Wandgemälde von Bartholomäus Bruyn von 1532 in der Oberen Rathaushalle gibt das damalige Aussehen des Bremer Doms detailliert wieder: Neben den Bogenfeldern der beiden romanischen Portale und den dazwischen liegenden Blendarkaden sieht man fünf kleine Standbilder. Wen sie darstellten, ist nicht mehr herauszufinden. Auf einem Foto aus der Zeit vor 1880 gibt es keine Figuren mehr. Künstlerisch gesehen kleidete Peter Fuchs die Statuen in der Tradition mittelalterlicher Statuen, deren fantasievolle, aufwendige Faltendrapierungen zusammen mit den Attributen eine gewisse Individualität verleihen, jedoch keine besondere Originalität. Inhaltlich beanspruchen sie allerdings ein großes Programm:

An der Mittelachse der Fassade sitzt Kaiser **Karl der Große** auf seinem Thron. Ihm wird die Gründung Bremens zugeschrieben. Er trägt eine Krone und auf seinem Knie steht ein Bauwerk, das an den ersten Bremer Dom erinnern soll, der 789 hier auf der Düne errichtet wurde. Wie dieses Gotteshaus damals aussah, weiß niemand, wir haben es somit mit einer Fantasiearchitektur und nicht mit einem Abbild zu tun. Weil die Kirchenbauten des frühen Mittelalters romanische Basiliken waren, stellte sich Peter Fuchs offensichtlich auch für Bremen ein solches Bauwerk vor. Diese kleine Architektur symbolisiert die erfolgreiche Mission des angelsächsischen Mönchs Willehad, den der Frankenkönig Karl 787 in Worms zum ersten Bischof in Sachsen mit Sitz in Bremen ernannte. Trotz herber Rückschläge konnte Willehad als Zeichen der Christianisierung ein Kirchlein aus Holz errichten. Doch schon 792 brannten es die aufständischen Sachsen nieder und erst im Jahr 805 wurde unter Bischof Willerich ein neuer Dom aus Stein gebaut. Das Schwert in der rechten Hand des Kaisers ist das Symbol für Gewalt und Glaubenskrieg, womit die Missionierung vorangetrieben wurde. Die Verdickung am Ende des Griffs ist eine ganz besondere Information: Die runde Form stellt ein Behältnis dar, in dem der christliche Kämpfer angeblich eine Heiligenreliquie mitführte (vgl. *Roland*). Somit wäre das langjährige kriegerische Vorgehen gegen die Heiden nicht nur dem persönlichen Ehrgeiz Karls zuzuschreiben, der ja ein christlich-römisches Reich schaffen wollte, sondern er kämpfte unter dem Schutz der Heiligen und fühlte sich dadurch legitimiert.

Die beiden linken Domfiguren sind Denkmäler für Moses und **König David** und repräsentieren zusammen das Alte Testament als eine der großen Glaubenswurzeln des Christentums. Den König von Juda und Israel erkennt man, wie in den unzähligen David-Darstellungen seit Jahrhunderten, an der Krone und der Harfe, mit der er seine selbst verfassten Psalmen musikalisch begleitete. Das Lilienzepter in der rechten Hand ist das bedeutendere Attribut, denn es symbolisiert weltlichen wie göttlichen Herrschaftsanspruch. Die Lilie ist das Symbol der Erwählung (Israeliten als auserwähltes Volk). Bei den Kirchenvätern der ersten Jahrhunderte taucht das Lilienzepter als Christussymbol auf und steht in der bildenden Kunst des Mittelalters auch für Marias Jungfräulichkeit sowie ihren Status als Gottesmutter und Himmelskönigin. Da Jesus nach biblischer Überlieferung aus dem Hause Davids stammte, ist das Lilienzepter zugleich das Bindeglied zwischen Altem und Neuem Testament. Nicht nur die Karolinger, sondern etliche spätere christliche Herrscher- und Adelsgeschlechter trugen die Lilie in ihrem Wappen zudem als Zeichen der Gnade Gottes.

Moses, der die in Ägypten versklavten Israeliten ins Land Kanaan führte, hält mit seinen kräftigen Händen zwei Tafeln mit den Geboten Gottes fest vor der Brust. Auf einer der beiden erkennt man deutlich die römischen Ziffern I und III. Es ist kein Zufall, dass auf das erste Gebot »Du sollst an einen Gott glauben« und das dritte Gebot »Du sollst den Tag des Herrn heiligen« hingewiesen wird, verkörpert doch der Dom den Monotheismus und die Aufforderung zum Kirchgang am arbeitsfreien Sonntag. Ein arbeitsfreier Tag in der Woche ist eine der großen Errungenschaften, die ihre Wurzeln im Schabbat der mosaischen Gesetzgebung hat und im 19. Jahrhundert als arbeitsfreier Sonntag auch von den Kirchen im Rahmen der Arbeitszeitdebatten gefordert wurde. Durch das rechte, nach vorne abgewinkelte Bein scheint es, als würde Moses geradewegs vom Berg Sinai herabsteigen. Auf dem Kopf sitzen zwei Hörner, die in der bildenden Kunst besonders seit der berühmten Moses-Skulptur von Michelangelo üblich wurden und neben den Gesetzestafeln das wichtigste Attribut zur Identifizierung sind. Es ist eine durchaus komische und kuriose Begründung, die Moses zu diesen Hörnern verhalf: Es handelt sich um eine falsche Übersetzung des hebräischen Wortes für »strahlend« ins Lateinische »gehörnt«.

Das Hauptportal des Doms wird von zwei bedeutenden Heiligen flankiert: Links steht die Statue von **Petrus**, rechts die von **Paulus**. Die beiden Apostel sind die Vertreter des Neuen Testaments. Der Dom ist dem heiligen Petrus geweiht, er ist der Schutzpatron der Stadt auf der rechten Weserseite, Paulus jener der Neustadt. So sprechen wir von der St. Petri Gemeinde in der Altstadt und von St. Pauli gegenüber.

Petrus hält als Erkennungszeichen seinen berühmten Doppelschlüssel in der rechten Hand, einen tragen die Bremer seit Jahrhunderten (erstmals 1366) in ihrem Wappen. Die theologisch hochkomplizierte Bedeutung des »Bindens und Lösens« (Matth. 18,18) als »Verbieten und Erlauben« kann hier nur verkürzt angemerkt werden. Paulus stützt sich auf ein Schwert, das seit dem 13. Jahrhundert als Attribut auf seinen Märtyrertod verweist. Beide Männer halten zudem schwere Bücher in ihren Händen, das Neue Testament.

Im Gegensatz zu Petrus, der laut Überlieferung als Jünger im Gefolge Christi den Auftrag zur Kirchengründung erhalten hatte, kannte Paulus Jesus nicht persönlich. Beiden Heiligen gemeinsam ist, dass sie anfänglich Christenverfolger waren und nach der Bekehrung zu den bedeutendsten ersten Missionaren zählen. Schließlich fanden beide ihren Tod als Märtyrer. Paulus gilt als eigentlicher Gründer des Christentums. Er verbreitete auf seinen Reisen das Urchristentum im östlichen Mittelmeerraum und seine Briefe wurden ein bedeutender Teil des Neuen Testaments. Er wird in allen christlichen Konfessionen verehrt. So ist es nicht verwunderlich, dass die beiden Heiligen-Denkmäler auch am lutherischen Dom so prominent platziert sind.

Die Darstellung der beiden Heiligen hat sich über Jahrhunderte kaum verändert. Petrus hat ein rundliches Gesicht, einen kurzen gelockten Bart und einen Haarkranz. Das Gesicht von Paulus hingegen ist länglich, sein langer Bart ist ebenfalls gelockt und in zwei Spitzen geteilt. Natürlich weiß niemand, wie die beiden wirklich ausgesehen haben. Doch im 4. Jahrhundert entstanden Bildnisse mit einer gewissen Individualität in den römischen Katakomben. Das waren die Vorbilder für die späteren Darstellungen. In der Malerei kennzeichnete man Paulus als den Jüngeren zudem mit schwarzem Haar, während der ältere Petrus weißhaarig dargestellt wurde.

Zusammen betrachtet greift das Figurenprogramm die mittelalterliche gotische Tradition auf, den Gläubigen einen unmittelbaren visuellen Kontakt zu bedeutenden Kirchenmännern, Heiligen und biblischen Personen zu ermöglichen. Über das Bild oder die Statue wurde die betreffende Person präsent und stand den Gläubigen unmittelbar gegenüber. Bedenkt man zudem, dass die Gottesdienste jahrhundertelang in lateinischer Sprache gefeiert wurden, für das einfache Volk größtenteils unverständlich, so leisteten Bilder und Figuren einen erheblichen Beitrag, religiöse Inhalte anschaulich zu vermitteln. Über die Denkmalfunktion hinausgehend, präsentiert der Künstler Peter Fuchs die fünf Persönlichkeiten zusätzlich als moralische Instanzen. Auch hier bezog er sich wieder auf mittelalterliche Vorbilder, indem er Tier-Allegorien zu Füßen der Fünf platzierte. Starke und wachsame Löwen und Greife (Fabelwesen mit Vogelkopf und Löwenkörper) bändigen die Habgier, die Fleischeslust, den Unglauben, die Erbsünde und Falschheit sowie die Eitelkeit. Die Idee war zudem, dass die Gottesdienstbesucher vor dem Kirchgang ihre Leidenschaften bezwingen sollten. Unklar bleibt, ob die Menschen damals wie heute diese komplizierte Symbolik überhaupt enträtseln konnten.

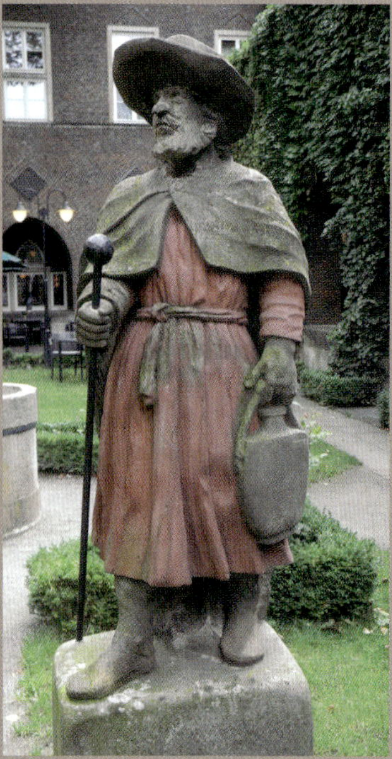

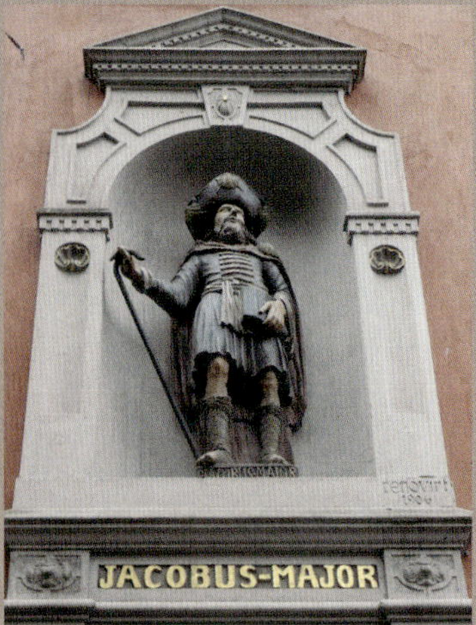
JACOBUS-MAJOR

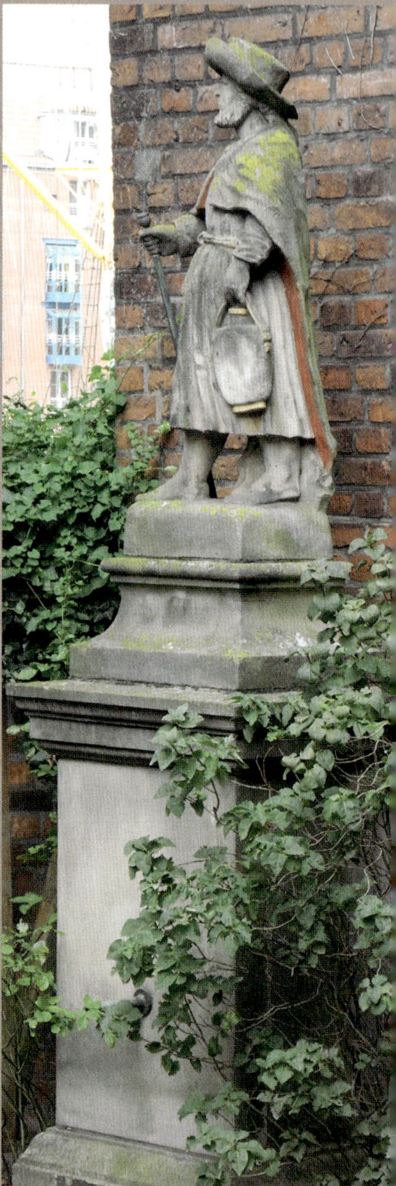

Jacobus Major (Jakob der Ältere)

17

1661, 1955/57, 1980

- Bibelgarten neben dem Dom
- Neanderhaus neben der St. Martini-Kirche
- Fassade Packhaus, Wüstestätte im Schnoor

Seit dem Mittelalter bis heute wird der Heilige Jacobus Major (der Ältere) von Gläubigen verehrt. Der Jünger Jesu war der Erste aus dem Kreis der Apostel, der als Märtyrer starb. Nach seinem Tod 44 n. Chr. in Jerusalem, hingerichtet auf Befehl von König Herodes Agrippa I., gelangte sein Körper nach Spanien, wo man sein Grab im frühen 9. Jahrhundert wiederentdeckte. Bald wurde es zum Wallfahrtsziel. Eine Kirche und später eine Kathedrale wurden errichtet und schließlich entwickelte sich die Stadt Santiago de Compostela. Jacobus avancierte zum Nationalheiligen Spaniens. Pilgerstraßen (Jakobswege) aus ganz Europa mit ihren Jacobus-Kirchen und Jacobus-Hospizen leiteten die Gläubigen zum drittwichtigsten Wallfahrtsort der Christenheit neben Jerusalem und Rom.

Auch Bremen liegt an einer solchen Pilgerroute. Am alten Hafen, der Schlachte, konnte man ein Schiff nach Bordeaux nehmen und musste so nicht den beschwerlichen Landweg bewältigen, der von Bremen bis Santiago immerhin 3.000 Kilometer lang ist. Ob allerdings eine Schifffahrt durch den Ärmelkanal damals deutlich angenehmer war, sei dahingestellt. Den Reisenden standen entlang der Wege Unterkünfte zur Verfügung, die auch durch Jacobus-Figuren besonders gekennzeichnet waren. Unterwegs suchten die Pilger ganz gezielt die Statuen auf, um sich einen Segen zu erbitten. In der katholischen Glaubenswelt verfügten Bilder bzw. Figuren Heiliger über vielseitige Hilfs-, Heil-, Schutz- und Wunderkräfte. In der

Innenstadt Bremens gibt es heute noch drei dieser Standbilder. Sie stehen im Bibelgarten, an der St. Martini-Kirche und an der Fassade eines Packhauses an der Wüstenstätte im Schnoor.

Die Jacobus-Figuren sind leicht identifizierbar. Der bärtige Mann trägt ein gegürtetes Gewand und einen Umhang, er hält den Pilgerstab und trägt auf dem Kopf einen breitkrempigen Hut. Die Figur im Schnoor hat als weitere Attribute drei Muscheln am Hut und eine an der Schulter. Im Bibelgarten ist eine Muschel mit dem Namen des Heiligen in den Sockel eingraviert. Die Schale diente den Pilgern als Essgeschirr und mit ihr schöpften sie Wasser zum Trinken und Waschen. Mit ihr konnte man belegen, dass man die Reise unternommen hatte. Sie sollte die Heimkehrer beschützen und auch noch zu Hause wirksam sein. Die besondere Art heißt dementsprechend Jakobsmuschel. Sie ist auch heute noch das Symbol des Jakobswegs.

Die Jacobus-Standbilder im Bibelgarten und am Neanderhaus an der St.-Martini-Kirche sind fast identisch, ihr Schicksal ist eng miteinander verknüpft und kompliziert. Beide sind Vollplastiken aus Stein – und Nachbildungen. Sie sind deutlich kleiner als lebensgroß und unterschiedlich bemalt. Die rötliche Farbe und ihre Körperhaltung verleihen beiden eine gewisse Vitalität und Entschlossenheit. Es scheint, als wären die Männer gerade aufgebrochen, mit gefüllter Tasche in der Hand bereit, ihre Pilgerreise anzutreten.

Ob die originale Figur aus dem Mittelalter stammte und in der St.-Jacobi-Kirche die Pilger empfing, ist nicht mehr zu klären. Im Zuge der Reformation hatte man das Gotteshaus 1528 den Schmieden als Amtshaus überlassen und im ausgehenden 17. Jahrhundert größtenteils abgerissen, den Chor nutzte die Zunft, bis dort 1861 eine Gaststätte als Jacobi-Halle öffnete.

Auf dem St.-Jacobs-Kirchhof, dem Platz zwischen Obern- und Langenstraße, errichtete man 1718, von Christoph Albrecht gestaltet, einen öffentlichen Brunnen und krönte ihn mit einer Jacobus-Figur. Zu Füßen des Brunnensockels fing ein achteckiges Becken das Wasser auf. Der ehemalige Friedhof war schon längst aufgelöst, der Name blieb bis heute. Das Landesamt für Denkmalpflege datiert diese Figur ins 14. Jahrhundert und vermutet, dass sie aus der Kirche stammte. Die Statue könnte aber auch erheblich jünger gewesen sein, was stilistisch einleuchtend ist. Die Jacobus-Figur restaurierte man 1867 und stellte sie auf einige Sandsteinplatten, sodass sie besser sichtbar auf der Verkleidung der Schwengelpumpe stand.

1906 sollen Betrunkene dieses Original zerschlagen haben. Bildhauer J. C. Wilhelm Everding fertigte im Auftrag der St. Jacobi Brüderschaft die erste Nachbildung und man stellte sie wieder auf den Brunnen. Am 6. Oktober 1944 ging sie bei einem Bombenangriff zu Bruch. Der weitere Weg der Skulptur wird in allen Texten verschieden dargelegt. Die Bildhauerin Ingeborg Ahner-Siese aber schreibt und belegt mit Fotos, dass sie 1955 die zerbrochene Everding-Figur zusammensetzte und ergänzte, in Sandstein kopierte und farbig fasste sowie den fehlenden Pilgerstab hinzufügte. 1957 fand man am Neanderhaus neben dem Chor der St.-Martini-Kirche einen neuen Platz für diese Kopie und den alten, wieder intakten Brunnen. Der restaurierte *Jacobus* wurde nach Zeitungsberichten ins Focke-Museum gebracht, dort ist die Figur jedoch weder registriert noch vorhanden. Sicherlich war das ursprünglich der Plan, aber umgesetzt wurde er offensichtlich nicht. Man hatte zwar schon mit der Einrichtung des Museums ab 1953 im Gutshaus begonnen, das neue und damit Platz bietende Gebäude entstand aber erst ab 1959. Die einzige plausible Möglichkeit ist, dass *Jacobus* auf dem Bauplatz blieb und schließlich vergessen wurde. Pastor Henner Flügger erinnert sich, dass der ehemalige Dombauherr Henry Lamotte in den späten 1970er-Jahren in einem Werkschuppen auf einem Lagerplatz des Bauamtes zufällig die Figur fand. Zu seinem großen Erstaunen war *Jacobus* komplett und wies nur einige kleine beschädigte Stellen auf. Kein Wunder, hatte doch Ingeborg Ahner-Siese die Scherben schon vor Jahren zusammengesetzt und zur Figur ergänzt. Das bedeutet, dass man 1980 im Bibelgarten das bereits 1955 von Ahner-Siese restaurierte Everding-Original von 1906 auf einen neuen Sockel stellte und mit frischen Farben bemalte. Dort hat der kleine Mann endlich einen angemessenen Platz gefunden und kann gerne besucht werden. Dem Gesicht sieht man die Strapazen der Vergangenheit allerdings an.

An der St.-Martini-Kirche gibt es heute das Brunnenbecken nicht mehr und es fließt auch kein Wasser aus dem Rohr im Sockel. Der kleine Hof ist privat und mit einem Gitter abgeschlossen, durch das man von außen die Figur immerhin ganz gut sehen kann.

So erinnern die beiden religiösen Denkmäler im Bibelgarten und an der St.-Martini-Kirche auch an das bewegte Schicksal einer Heiligenstatue. Des Weiteren sind sie Zeugnisse der erfolgreichen Bemühungen vieler Beteiligter, die die Heiligenfiguren schätzten und für Wert befanden, sie im Stadtbild zu erhalten.

Die ebenfalls nicht lebensgroße Jacobus-Statue im Schnoor ist aus Holz und auch bemalt. Da die Figur recht hoch oben an der Fassade steht, kann man sie leicht übersehen. Der Körper wirkt gedrungen und angestrengt. Der Heilige trägt ein knapp knielanges hellblaues Gewand mit Querschnallen, die nackten Beine stecken in faltigen Strumpfstiefeln und in der linken Hand hält er eine Bibel. Im schmalen Sockel und in der Umrahmung ist sein Name eingeschrieben.

1375 hatte die Witwe Ployes ihr Haus der St. Jacobi Majoris Bruderschaft als Witwenhaus gestiftet, und wahrscheinlich stand dort auch eine Jacobus-Figur. 1659 fiel das Haus einem Brand zum Opfer – deshalb auch der Name Wüstestätte –, es wurde jedoch an gleicher Stelle wiederaufgebaut und erhielt die heutige Figur vermutlich 1661. Der Name des Künstlers ist nicht überliefert. Seit dem Bau des Packhauses 1864 befindet sie sich immer noch am selben Ort, jetzt allerding in einer Nische, die 1906 die schöne Steinfassung erhielt. Die schweren Bombardierungen ab 1944 überdauerte die Figur in einem Domgewölbe, 1951 erfuhr sie eine Restaurierung mit Neubelebung der Farben und bezog wieder ihren angestammten

Platz an der Wüstenstätte. Die Kosten für die jüngste Restaurierung 2016 übernahmen zu gleichen Teilen die St. Jacobi Majoris Bruderschaft und das Landesamt für Denkmalpflege. Bei der Aufstellung im Mai 2016 wurde die Figur sogar vom damaligen Domprediger Peter Ulrich und Pfarrer Dirk Meyer von der katholischen St.-Johannis-Gemeinde ökumenisch gesegnet.

In Bremen spricht man schon lange vom »Jux-Major«, wenn man auf dieses Standbild zu sprechen kommt. Aus der Heiligenfigur wurde umgangssprachlich die Karikatur eines Militärs, der statt Orden Muscheln angeheftet hat und als Witzfigur daherkommt. Dass »Major« den älteren Jacobus vom jüngeren »Minor« unterscheidet, hat aber nichts mit einem militärischen Grad zu tun.

Die Denkmalfunktion der drei Jacobus-Major-Figuren ist vielseitig analysierbar. Sie erinnern seit ihrer Aufstellung an den Apostel und sein Schicksal, aber auch an die religiöse Funktion für die Pilger als Wegweiser und Schutzheiliger. Besonders in Küstenstädten erfuhr Jacobus als Schutzpatron auch der Reisenden, Kaufleute, Seefahrer und aller Pilger eine tiefgehende Verehrung. Die Figuren erinnern zudem an die Bedeutung Bremens im Mittelalter als Stadt an der berühmten Pilgerroute *Via Baltica*. Bemerkenswert an diesem Heiligen ist seine Akzeptanz sowohl bei den Katholiken als auch bei den Protestanten. Die Statuen im Bibelgarten, an der St.-Martini-Kirche und am Schnoor-Packhaus sind in ihrer ästhetischen Funktion auch Schmuckelemente.

Die St. Jacobi Brüderschaft verehrt »ihrem« *Jacobus* im Bibelgarten und am Neanderhaus anlässlich der beiden Treffen im Frühjahr und im Herbst traditionell einen Blumenkranz. Am Namenstag, dem 25. Juli, stattet die St. Jacobi Majoris Bruderschaft »ihrem« *Jacobus* im Schnoor einen Besuch ab. Mit Pilgerpastor Henner Flügger ist ein Stadtpilgerweg vom Bibelgarten bis zur Schlachte entwickelt worden, und nach wie vor pilgern Tausende Menschen nach Santiago de Compostela – etliche kommen auch in Bremen vorbei.

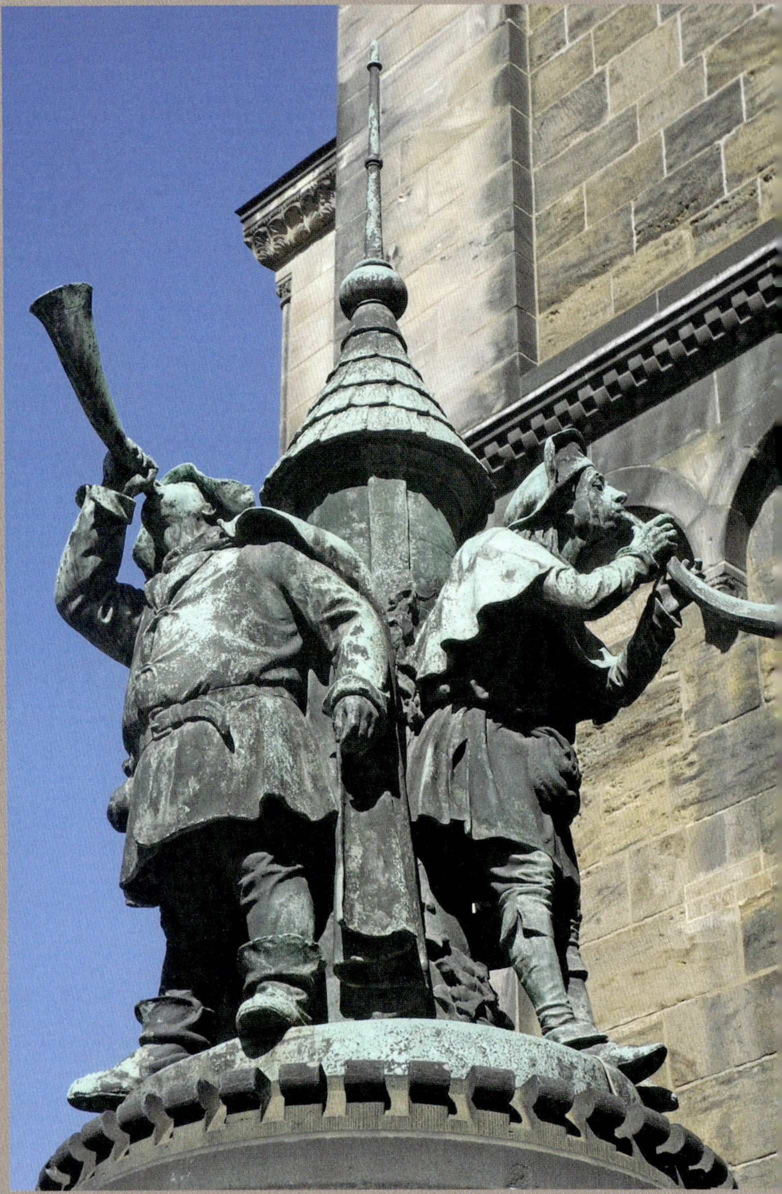

Turmbläserbrunnen

1899, 1956

18

Ecke Dom/Eingang Bibelgarten

Auf einer hohen, aufwendig profilierten Steinsäule sind drei ca. 75 Zentimeter große Bronzefiguren montiert. Sie stehen rücklings um einen schlanken Turm gruppiert und teilen sich die beengte Standfläche, so gut es geht. Die Füße ragen sogar noch ein wenig über das Rund hinaus. Mit dicken Backen blasen die Männer hingebungsvoll in ihre Musikinstrumente und es kommt einem vor, als könnte man ihre imaginäre Musik weit hören, denn jeder bläst in eine andere Richtung. Ihre Körper haben den Rhythmus der Melodie aufgenommen und wiegen sich zu den Klängen der Instrumente. Die Figuren sind so realistisch und individuell gearbeitet, dass man sich die Menschen aus der Vergangenheit genau vorstellen kann. Zu den vielen liebevollen Details zählt auch das kleine mit Schindeln gedeckte Kegeldach des Türmchens mit seiner Wetterfahne über den Spielleuten.

Der Berliner Bildhauer Max Dennert hatte den Künstlerwettbewerb gewonnen und schuf 1899 mit dieser reizenden Musikantengruppe ein Denkmal für eine Berufsgruppe, die seit dem Mittelalter ein wachsames Auge auf die Stadt hielt und rechtzeitig auf Bedrohungen durch Feuer und andere Gefahren aufmerksam machte. Für Bremen ist die Wache von Turmbläsern im Ansgari-Kirchturm nachweisbar. Vom Dom kennt man keine Wächter, allerdings soll es im 18. Jahrhundert vorübergehend Musiker gegeben haben, die vom Nordturm aus zu Gottesdiensten Choräle gespielt haben.

Für eine angemessene Präsentation des Bläsertrios sorgte Dombauherr Ernst Erhardt. Er konstruierte eine Tragesäule, die er an die Stile des Doms anpasste. Er entschied sich für reich profilierte Simse und sichtbare Sandsteinquader zusammen mit einer

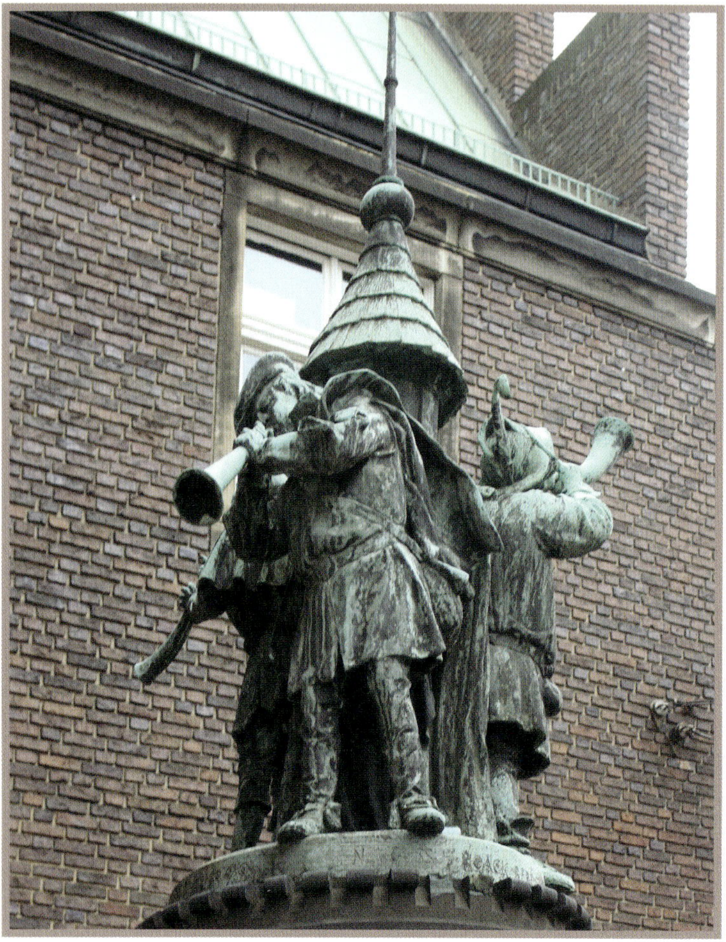

Mischung aus romanischen und gotischen Formen in Gestalt von Rundbögen und Strebepfeilern. Selbst die Schwärzungen des Steins harmonieren mit der Domfassade. Das Größenverhältnis zwischen Säule und Spielleuten ist so fein aufeinander abgestimmt, dass sich die Spielleute im Auge des Betrachters in fast schwindelerregender Höhe befinden.

Die Intention des Stifters Franz Schütte war einerseits, ein Denkmal für Turmbläser errichten zu lassen, andererseits wollte er eine profane Wasserpumpe mit angeblich heilkräftigem Wasser zu einem Kunstwerk aufwerten. Wegen des Neubaus der Börse hatte man 1861 die Pumpe des alten Wilhadibrunnens (nicht zu verwechseln mit dem neuen Wilhadibrunnen von 1883 zwischen Dom und Rathaus) nahe an den Dom versetzt. Als man Ende des 19. Jahrhunderts die große Domsanierung in Angriff nahm, empfand man sie jedoch als zu schlicht und stillos. Durch die künstlerische Inszenierung stand die Pumpe nun direkt, aber unauffällig, domseitig an der Stele und erhielt den Namen *Turmbläserbrunnen*.

Im Zuge des Neubaus des Konzerthauses Glocke versetzte man das Schmuckstück 1928 einige Meter näher an die unterste Domstufe und gab die Zapfstelle auf. An diesem heutigen Standort kommt die Turmbläsergruppe bedauerlicherweise nicht mehr zur vollen Geltung und sie wird kaum noch wahrgenommen. Geblieben ist der Name.

In den Rand der runden Bronzeplatte, auf der die Musikanten stehen, liest man eingraviert: *Neuguss H. Noack Berlin 1955*. Die originalen Turmbläser fielen als sogenannte Metallspende 1942 dem Krieg zum Opfer. Auf dem Dachboden des Alten Rathauses hatte man glücklicherweise das Gipsmodell der Figurengruppe aufbewahrt, sodass die beauftragte Werkstatt einen perfekten Neuguss fertigen konnte, der im Oktober 1956 auf die erhaltene Säule aufgesetzt wurde. So hat Bremen wieder seinen *Turmbläserbrunnen*, auch wenn kein Wasser mehr gezapft werden kann. Das Musikerquartett der »echten« Bremer Turmbläser spielte jahrelang vom Dom herab Choräle und erfreute unzählige Menschen auch bei seinen Auftritten im Bürgerpark.

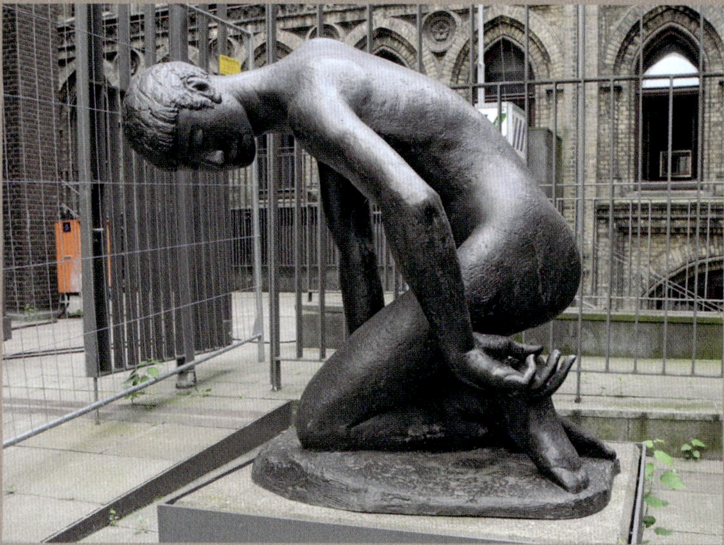

Verwundeter Achill

1969

19

- Skulpturengarten neben dem Haus der Bremischen Bürgerschaft

Auf Initiative des damaligen Präsidenten der Bremischen Bürgerschaft Christian Weber entstand 2005 an der Südseite des Bürgerschaftsgebäudes der kleine schmale Skulpturengarten. Die vormals verwahrloste Brache gestalteten die Architekten Manfred Schomers und Rainer Schürmann in eine öffentliche Fläche mit Bänken, Wasserbassin und sechs Skulpturen von Gerhard Marcks um. Damit schufen sie im Zentrum der Stadt ein Kleinod der Ruhe und Kunst.

Alle sechs Figuren sind Originale und Leihgaben des Bremer Bildhauermuseums Gerhard-Marcks-Haus (Gerhard-Marcks-Stiftung). Der Künstler modellierte die Akte von 1958 bis 1969. Das war die Zeitspanne, in der das Bürgerschaftsgebäude diskutiert und errichtet wurde. Die Idee war, dem Bauwerk Skulpturen an die Seite zu stellen, die aus derselben Epoche stammen. Sie erläutern in ihrer Dimension den Bau und beleben die Architektur durch selbstverständliche Posen wie Stehen, Sitzen und Liegen.

Betritt man vom Marktplatz aus den Garten, so findet man als hinterste Skulptur den *Verwundeten Achill* von 1969. Achill ist eigentlich unverwundbar, er ist der mutigste Kämpfer der Griechen gegen die Trojaner und verkörpert den jugendlichen schönen Helden. In Homers *Illias* tritt er furchtlos auf, weiß er doch von seiner Unsterblichkeit. Doch er hat eine Schwachstelle: Die Ferse, an der ihn seine Mutter Thetis festhielt, als sie das Neugeborene in den Unterweltfluss Styx tauchte, wurde von der Wunderflüssigkeit nicht benetzt. Wird diese Stelle verwundet, muss Achill sterben. Der Gott Apollon weiß das und lenkt einen Pfeil von Paris genau dorthin. Marcks hat diesen entscheidenden Augenblick des Mythos in der Figur eingefroren: Der schlanke Mann ist zusammengesackt und kniet auf dem Boden. Er greift mit der linken Hand an seine berühmte rechte Ferse, dreht den Kopf nach hinten und begreift sein unabwendbares Schicksal. Noch lebt er. Aber es ist schon nichts mehr übrig von der früheren Kraft und dem selbstbewussten Habitus.

Gerhard Marcks reiste immer wieder nach Griechenland, in den 1960er-Jahren wurde das Land zu seiner zweiten Heimat. Er war ein ausgezeichneter Kenner der griechischen Antike, ihre Kunstwerke und Mythen fesselten den Bildhauer und inspirierten viele seiner Werke (vgl. *Der Rufer*). In den Charakteren fand Marcks zeitlose Spiegelbilder der Menschen und übertrug sie mittels seiner typisch reduzierten, geometrisierten Formensprache in allgemeine Gültigkeit.

Mit dem Denkmal für den verwundeten Achill visualisiert Gerhard Marcks die allgemeine Verletzlichkeit des Menschen und seine Sterblichkeit. Denn hat nicht jeder Mensch seine eigene »Achillesferse« – sei es nun eine Schwachstelle des Körpers oder eine der Seele?

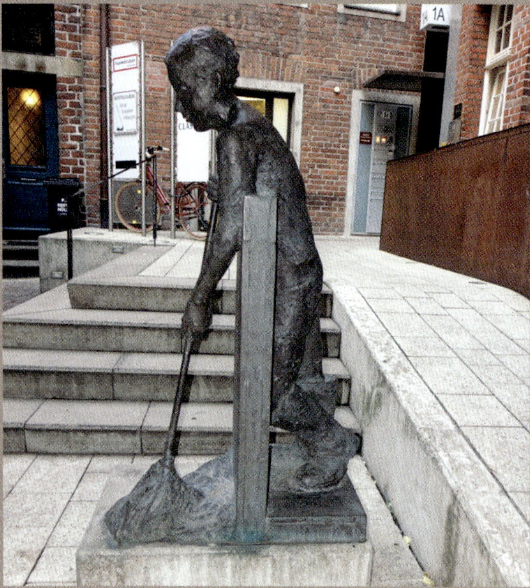

Fietje Balge

20

2007

● Hinter dem Schütting

Der kleine *Fietje Balge* ist eine Fantasiefigur, es gab keinen Jungen mit diesem Namen, deshalb ist diese Skulptur kein Denkmal für eine bestimmte Person. Dennoch kann man im weitesten Sinn eine Erinnerungsfunktion erschließen: »Fietje« ist die Verkleinerungsform von Friedrich, der Familienname »Balge« bezieht sich auf das so benannte Gewässer südlich des Marktplatzes. Um an die Existenz und Bedeutung der Balge zu erinnern, stiftete das Bankhaus Carl F. Plump & Co. 2007 die Skulptur und ließ sie an der Rückseite des Gebäudes an der Straße Hinter dem Schütting aufstellen.

Dort floss in vergangener Zeit der Nebenarm der Weser, dessen Lauf in der Nähe durch einen rötlich gepflasterten Streifen mit einer Metallplatte markiert ist. Zur Bedeutung der Balge gibt es verschiedene Einschätzungen. Die einen sprechen von »der Lebensader des Bremer Fernhandels im 13. Jahrhundert«, andere meinen, dass höchstens Flussschiffe und niemals Koggen den Weserarm befahren konnten, andere vermuten Schiffsanlegeplätze in der Balge. Fakt ist, dass in den ältesten erhaltenen Stadtansichten von Franz Hogenberg 1589 und Matthaeus Merian von 1638 die Balge schon nicht mehr verzeichnet ist, sie somit für Schifffahrt und Handel keine Rolle mehr spielte. Im frühen Mittelalter wird es sicher anders gewesen sein. Wann der Name aufkam, ist nicht mehr herauszufinden. Die Bezeichnung »Balge« bedeutet lediglich Graben oder Wasserlauf. Für eine gewisse Breite des Weserarms spricht, dass in der Nähe die Balgebrückstraße sowie die Stintbrücke an alte Querungen erinnern.

Der renommierte Künstler Bernd Altenstein erhielt den Auftrag, aus einem künstlichen Namen ein Kunstwerk zu erschaffen und damit die verflossene Balge zu illustrieren. Der Bildhauer erinnert sich, dass die Designerin Almut Röper, die damals im Bankhaus ihre Räume hatte, den Namen *Fietje Balge* erfand. Bernd Altenstein schuf das realistisch wirkende Bronzestandbild eines Jungen, der sich entspannt und lässig in Stiefeln an eine Mauer lehnt und mit einer Schaufel Schlamm und Fische aus dem Gewässer aufnimmt. Der Junge geht einer beliebten Beschäftigung von neugierigen Kindern nach. Wie gerne graben und wühlen sie im Sand und Schlamm und hoffen, mit ihren Keschern etwas Interessantes zu heben.

Die dargestellte Szene könnte an den Zustand der Balge erinnern, als sie schon lange nicht mehr schiffbar war, sondern eher einem Rinnsal oder Kanal glich und für Kinder vielleicht so etwas wie ein Abenteuerspielplatz gewesen sein könnte.

Der Begleittext auf der Tafel an der Gebäudewand hinter der Figur beschreibt die Geschichte der Balge. Fietje illustriert ansehnlich die Balge, an »das ehemals rege Treiben« erinnert er indes nicht.

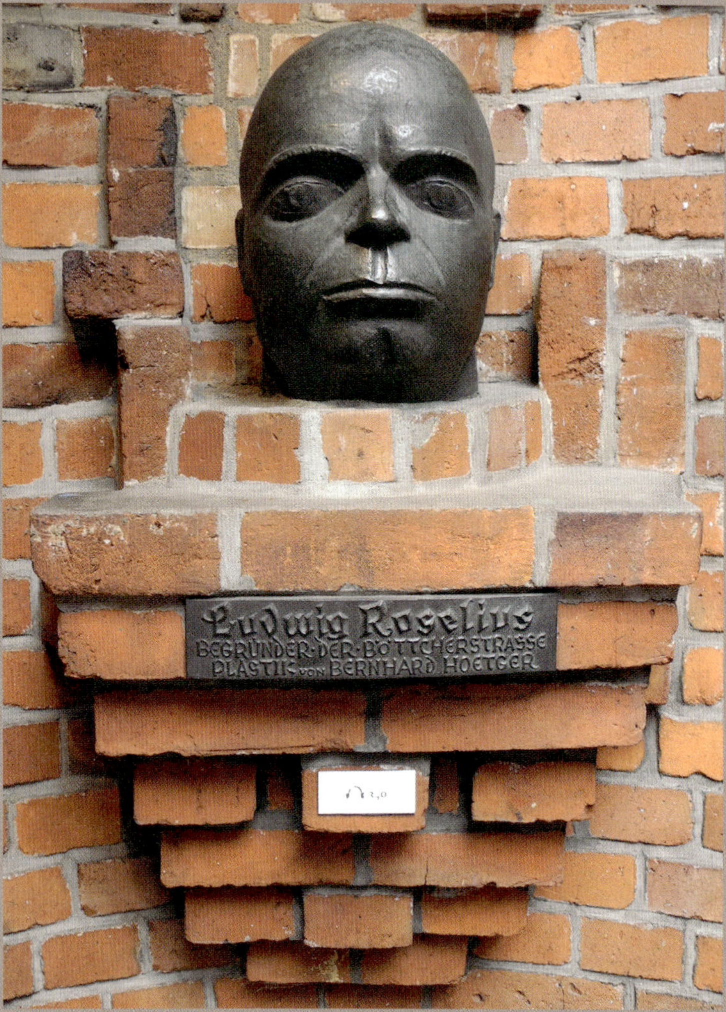

Ludwig Gerhard Wilhelm Roselius, 2.6.1874 in Bremen – 15.5.1943 ebenda

Ludwig Roselius

1922

21

Handwerkerhof, Böttcherstraße

In der »runden Ecke« am Durchgang vom Handwerkerhof in das Vestibül des Paula Modersohn-Becker Museums steht auf einem kleinen stufenförmigen Sims der Porträtkopf von Ludwig Roselius. Sein Freund, der Bildhauer und Architekt Bernhard Hoetger, schuf ihn 1922. Vergleicht man die Bronze mit einem Foto von Roselius, wird die physiognomische Ähnlichkeit deutlich.

Ludwig Roselius war eine der herausragenden Persönlichkeiten Bremens: Kaffeekaufmann, Erfinder, Mäzen, Bauherr, Kunstsammler, Honorarkonsul und vieles mehr. Die Liste seiner Unternehmungen ist lang.

Sein Denkmal steht an einem Ort, den es ohne ihn so nicht geben würde: in der Böttcherstraße. Indem Roselius mit der Erfindung des entkoffeinierten Kaffees 1906 und der Vermarktung durch die Kaffee HAG ein Vermögen verdiente, konnte er es sich leisten, die komplette alte Bodekerstraat mit allen Häusern aufzukaufen und zwischen 1922 und 1931 umzugestalten. So ist die Böttcherstraße, wie sie seit 1906 heißt, ein gelungenes Beispiel für Altstadtsanierung, ein Zentrum für Kunst und Kunsthandwerk, ein Ort innovativer Architekturen und in ihrer Gesamtheit zweifelsfrei auch ein Denkmal für Ludwig Roselius selbst.

Bernhard Hoetger fand in Roselius einen Auftraggeber, der ihm alle nur möglichen Freiheiten ließ, und Roselius fand einen Künstler, mit dem er auf einer Wellenlänge lag und der seine Vorstellungen künstlerisch umzusetzen verstand. Es muss eine perfekte Symbiose gewesen sein. Für Hoetger war es auch ökonomisch ein Glücksfall, denn finanzielle Sicherheit ist für einen freien Künstler (auch heute noch) eine wichtige Wurzel für Kreativität.

Hoetgers künstlerisches Schaffen ist geprägt von einer Vielzahl an Einflüssen. So ist es praktisch unmöglich, ihn einer Stilrichtung zuzuordnen, wie man auch bei einem Gang entlang der Böttcherstraße feststellen wird (vgl. *Sieben-Faulen-Brunnen, Bacchus, Paracelsus*). Fast alle Plastiken stammen von ihm, ebenso die skulptural wirkenden Bauwerke des Paula-Becker-Modersohn-Hauses und das Haus Atlantis. (Beide Gebäude wurden während der Bombardierungen des Zweiten Weltkriegs stark beschädigt und danach mit teilweise völlig anderen Gestaltungselementen wieder aufgebaut).

Der Roselius-Kopf ist massig geformt, die Oberfläche ist glatt, die einzelnen Gesichtselemente wirken wie gezeichnet. Der Hals ist kaum sichtbar und das Kinn sitzt auf dem Backsteinsims. Die Augenbrauen treten als harte Linien über den übergroßen Augen hervor. Die Nase hingegen ist klein und markiert als rundliches Dreieck die Mitte des Gesichts. Der Mund mit den scharfkantigen Lippen spricht nicht. Die tiefe vertikale Stirnfalte zwischen den Augen und die deutliche Oberlippenfalte sind grafische Elemente, die das Oval symmetrisch teilen. Dieser Kopf, der kahle Schädel und dieses Gesicht wirken unfreundlich, abweisend, fixieren auf eine unangenehme Art das Gegenüber, sie strahlen keine Empathie aus, nichts Sanftes, Nettes, Freundliches steckt in dieser unnahbaren Physiognomie. Was mag in Hoetger gefahren sein, seinen Freund und Auftraggeber so hart darzustellen? Hätte der Porträtkopf nicht sympathischer gemacht werden können, ohne Roselius zu idealisieren? Wie hat Roselius sein Abbild empfunden? Es sind keine Äußerungen von ihm überliefert und vermutlich war er mit diesem Porträt einverstanden. Denn diese Härte zeigt wesentliche Charakterzüge: Wille, Entschlossenheit und Durchsetzungskraft. Roselius war ein Macher, nichts und niemand konnte ihn aufhalten. Selbst als die Nationalsozialisten die Böttcherstraßen-Ideologie massiv angriffen, stemmte er sich geschickt und erfolgreich gegen die NS-Kunstauffassung. Dies ist bemerkenswert, denn Roselius stand den Nazis als national denkender Mann anfänglich durchaus aufgeschlossen gegenüber.

Die Größe des Kopfs ist naturnah und als Denkmal dezent. Durch die Platzierung ist ein direkter Blickkontakt sozusagen im Vorbeigehen möglich. In diesem Kopf entstanden unentwegt neue Ideen, die so unkonventionell waren, dass viele Zeitgenossen ratlos bis schockiert reagierten. An einer Gestaltung des Körpers und somit eines Standbildes war Hoetger offenbar nicht gelegen, er stellte Roselius als willensstarken Denker dar. Darauf schien es ihm anzukommen. Nicht zufällig spielt das Glockenspiel ein paar Schritte weiter in der Böttcherstraße auch die Melodie des Revolutionsliedes *Die Gedanken sind frei*.

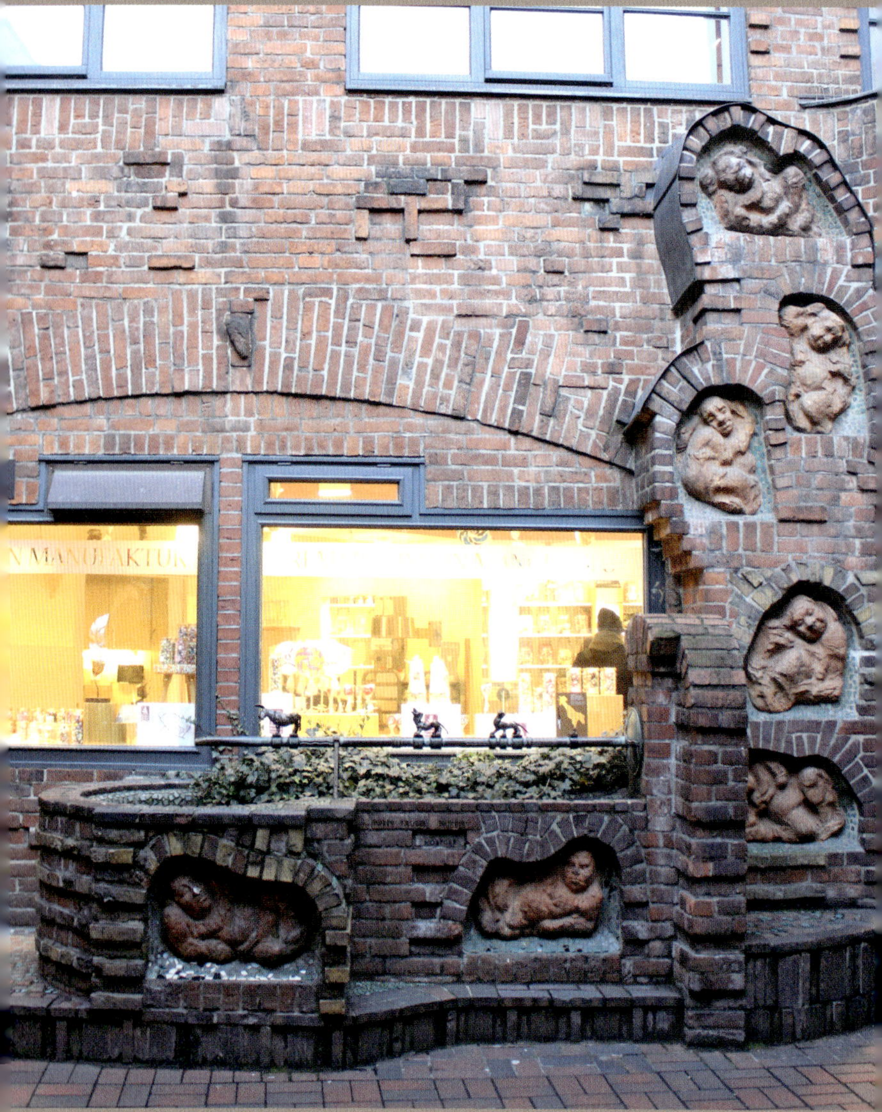

Sieben-Faulen-Brunnen

22

1927

● Handwerkerhof, Böttcherstraße

Die Sieben Faulen

1924–1926

● Giebel Böttcherstraße 7, Haus der Sieben Faulen

Gleich zwei Denkmäler sind in der Böttcherstraße den »Sieben Faulen« gewidmet. Die Erzählung stammt aus der Feder des Bremer Schriftstellers Friedrich Wagenfeld, 1845 publiziert in dem Band *Bremen's Volkssagen* zusammen mit anderen Texten, darunter seine berühmt gewordene, ebenfalls erfundene »Sage« um die Bremer Gluckhenne. Die Zahl Sieben ist sicherlich eine Übertragung aus der Märchenwelt (z. B. *Der Wolf und die sieben Geißlein, Die sieben Raben* oder *Schneewittchen und die sieben Zwerge*). Die Sieben ist in der religiösen Symbolik eine heilige Zahl, eine der sieben Todsünden ist die Faulheit.

In der Erzählung geht es um sieben Brüder, die in der Nachbarschaft als faul verrufen sind, weil sie untätig hauptsächlich von der Arbeit ihrer Mutter leben. Ihr Vater hat auf dem kargen Land nicht viel zu tun, und es kommt ihm nicht in den Sinn, gegen seine Misere etwas zu unternehmen. Die kräftigen, starken Söhne leben in den Tag hinein, schlafen nicht nur nachts, sondern auch nach dem Mittagessen, sehen den Fischern zu und scheren sich nicht um das Gerede der Nachbarn. Nach langen Jahren wird ihnen aber langweilig und sie begeben sich auf Arbeitssuche. Doch ihr schlechter Ruf verhindert eine Anstellung. Nun werfen sie dem Vater vor, dass er sie nicht zur Arbeit angehalten hat, und wandern in die weite Welt hinaus. Als sie nach »Jahr und Tag« zurückkehren, ziehen sie sogleich einen Graben durch das elterliche Grundstück und schütten einen Deich auf, wodurch das sumpfige Land trockenfällt und das schönste Gras wachsen kann. Für die Nachbarn ist völlig klar, dass die Brüder nur durch ihre Faulheit zu dieser Arbeit angetrieben werden, weil sie keine Lust haben, im Wasser zu stehen, um mühselig die kümmerlichen Halme zu schneiden. Auch bei den weiteren ungewohnten Aktivitäten halten die unverständigen Nachbarn an ihren Vorurteilen fest und erklären sie mit der Faulheit der Brüder. Als diese schließlich als letzte Aktion auch noch vor ihren neu errichteten Wohnhäusern einen Brunnen graben, ist für die Nachbarn endgültig bewiesen, dass die Brüder einfach zu faul sind, wie seit alters her üblich, Tag für Tag das Wasser von der Weser heranzuschleppen. Die vermeintliche Faulheit der Brüder führt schließlich zu großem Wohlstand, obwohl sie im Vergleich zu den anderen Bauern nur noch halb so viel arbeiten müssen.

Für den Unternehmer und Erfinder Ludwig Roselius hingegen handelten die sieben »Faulen« vorbildlich, klug und weitsichtig, denn mithilfe von technischen Innovationen wurde ihr Leben leichter und glücklicher. Er sah in den Brüdern Pioniere, die in fernen Ländern Neues lernten und es zu Hause praktisch anwandten, und er erkannte sich selbst in ihnen wieder. Die Werkstätten verschiedener Kunsthandwerker und Kunsthandwerkerinnen in diesem Hof wurden nach den Sieben Faulen benannt und 1927 arbeitete der Bildhauer Bernhard Hoetger im Auftrag von Roselius den bereits vorhandenen *Stadtmusikanten-Brunnen* in den *Sieben-Faulen-Brunnen* um.

Dort haben es sich sieben Männer in ihren Nischen bequem gemacht. Sie liegen entspannt da, einige zusammengekauert und schlafend, manche lächeln zufrieden. Zwei der Halbplastiken sind horizontal unter dem Brunnenbecken eingelassen, die fünf anderen bilden den rechten vertikalen Rahmen des Brunnens. Die einzelnen

Gesichter sind klar modelliert, die Körper hingegen erscheinen als abstrakte Massen. Bernhard Hoetgers Männer sind Individuen. So kann man vermuten, dass sich der Bildhauer an Bremer Persönlichkeiten orientierte, die am Projekt Böttcherstraße mitwirkten. Ludwig Roselius könnte in einer der horizontal liegenden Figuren zu identifizieren sein, denn das Gesicht hat eine starke Ähnlichkeit mit dem Porträtkopf am Übergang vom Hof zum Vestibül des Paula Modersohn-Becker Museums (vgl. *Ludwig Roselius*).

Die künstlerische Interpretation der Erzählung ist ein Beleg für die vielseitige Ausdruckskraft Hoetgers. Die Figuren sind, entgegen der üblichen Majolika-Technik, nicht glasiert und so bleibt die Oberfläche stumpf. Der warme Terrakotta-Farbton bildet einen feinen Kontrast zu den Backsteinen und den türkisen Mosaiksteinchen in den Nischen und im Brunnenbecken. Irritierend könnte man die Körperform der Sieben Faulen empfinden. Im Gegensatz zu den Gesichtern wirken sie mit den grob bearbeiteten Oberflächen derb und zottig und lassen einen menschlichen Körper lediglich erahnen. Die Sieben Faulen liegen nicht in schönen Betten, sie tragen keine Anzüge oder präsentieren stolz ihren Wohlstand. Die Nischen wirken wie archaische Höhlen, die von den kräftigen, geradezu bärenähnlichen Figuren fast vollständig ausgefüllt werden. Hoetger verweist hier auf die Herkunft und Entwicklung des Menschen und damit auf dessen kreatives Potenzial. Seit Urzeiten gestaltete der Mensch seine Umwelt, nicht nur um zu überleben, sondern auch um die Lebensumstände zu verbessern. Dazu passend balancieren die vier Stadtmusikanten auf dem Brunnenrohr.

Das zweite Denkmal für die Sieben Faulen in der Böttcherstraße besteht aus sieben Standbildern, die seit 1926 auf den Stufen des Treppengiebels des HAG-Hauses (seit 1954 Haus der Sieben Faulen) platziert sind. Die ehemals weißen Steinriesen schuf der Bildhauer Aloys Röhr zwischen 1924 und 1926. Da die Figuren sehr hoch stehen, muss man sich in der Straße Hinter dem Schütting oder in der Böttcherstraße einen geeigneten Platz suchen, um sie zu sehen.

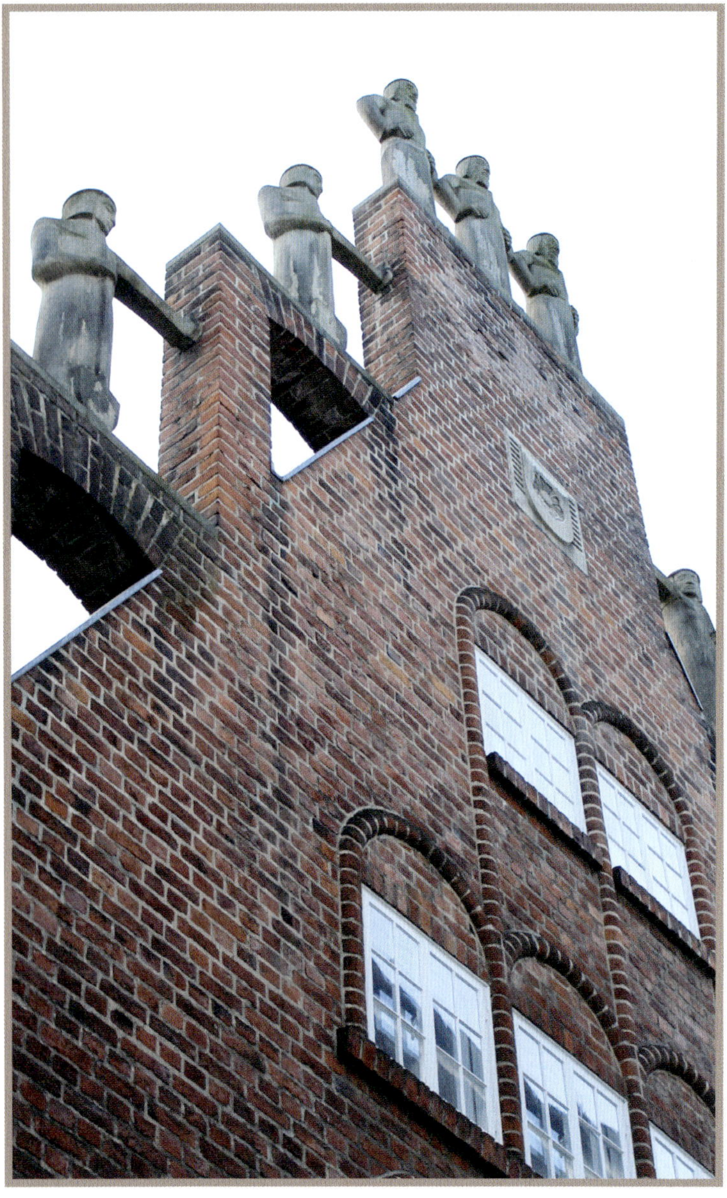

Sie sind schlank, tragen bodenlange Gewänder, die Arme sind leicht angewinkelt oder zur Seite gestreckt und die kappenartigen Kopfbedeckungen lassen das kinnlange, glatte Haar sichtbar. Die Statuen sind fast identisch und wirken durch die eckige Form wie Maschinen-Menschen aus einem expressionistischen Film. Dieses Denkmal für die Sieben Faulen unterscheidet sich in seiner künstlerischen Gestaltung gänzlich von der des Brunnens. Die aufrecht stehenden Männerfiguren zeugen von Selbstbewusstsein und Tatkraft, sie scheinen unterwegs zu sein zu ihrer Arbeit und halten kurz inne, um sich anschauen zu lassen. Anders als die Hoetger-Skulpturen in ihren Höhlen treten sie nicht als Individuen auf, sondern als Gruppe, die gemeinsam handelt und dadurch ihre Stärke gewinnt.

Die beiden Bildhauer Bernhard Hoetger und Aloys Röhr setzten mit ihren künstlerischen Interpretationen den Sieben Faulen nachhaltige Denkmäler und somit auch der Unternehmensphilosophie des Auftraggebers Ludwig Roselius.

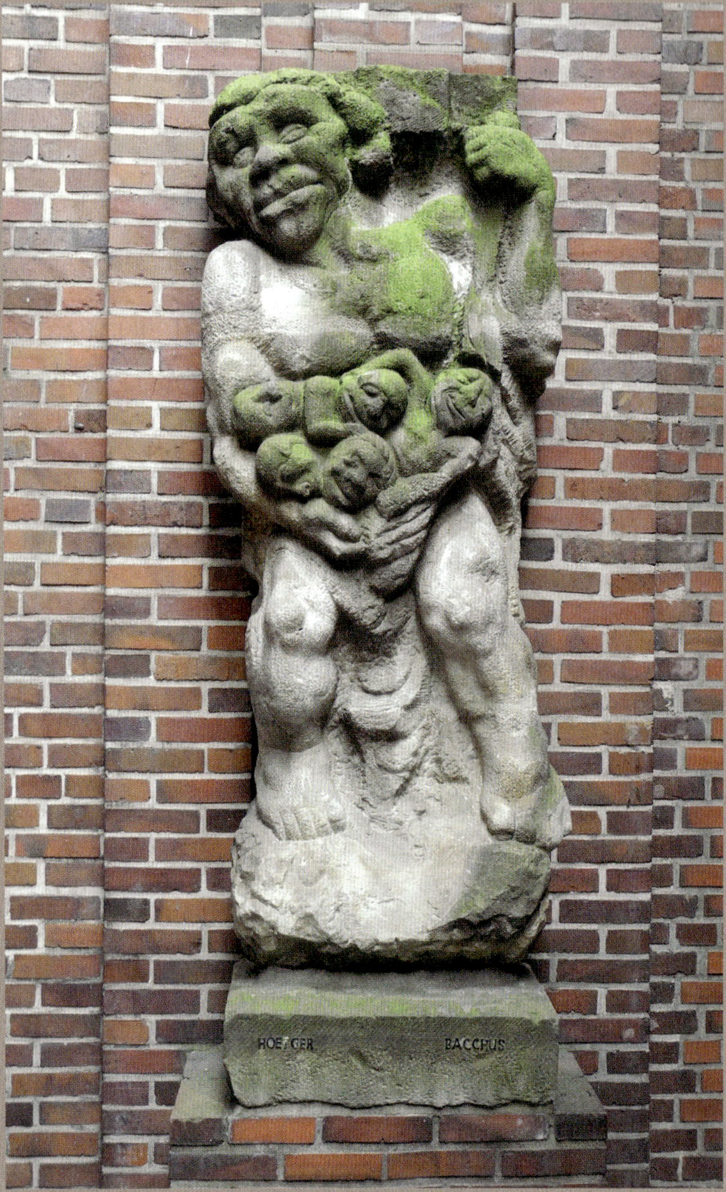
BACCHUS

Bacchus

1928, 1964

23

● Hoetger-Hof, Böttcherstraße

Im sogenannten Hoetger-Hof in der Böttcherstraße sind einige originale Arbeiten von Bernhard Hoetger ausgestellt, die einen gelungenen Einblick in die vielen stilistischen Inspirationen vermitteln, die Hoetgers Werk beeinflussten und so seine vielseitige künstlerische Ausdruckskraft beschreiben. Hier findet man das expressionistische Denkmal für Bacchus, den Gott des Weines, aus dem Jahr 1928.

Er ist seiner Natur entsprechend als kräftige, muskulöse Gestalt dargestellt. Im rechten Arm hält er kleine schlafende Menschenfiguren, die im Alkoholrausch zufrieden lächeln. In seiner linken Hand könnte man schwach einen Stab vermuten, der oft als Attribut, umschlungen von Weinreben, den Gott kennzeichnet. Zu Ehren des griechischen Dionysos bzw. des römischen Bacchus veranstalteten die antiken Gesellschaften rauschende Feste in der Hoffnung auf ein fruchtbares Jahr. Zwar ist Bacchus durchweg positiv besetzt und wurde deshalb gerne als fröhliches, dickliches Kind oder jugendlicher Mann dargestellt, doch als Gott der Ekstase und der Verwandlung wohnen ihm auch dunkle Eigenschaften inne, die Hoetger in seiner Darstellung erahnen lässt.

Künstlerisch betrachtet arbeitete Hoetger mit dem sogenannten Non-finito, d. h. Teile des Blocks, aus dem die Figur gehauen wurde, sind erhalten und noch sichtbar mit dem Körper verbunden, was die Befestigung an einer Wand erleichtert. Das Material ist Gussstein, vermutlich aus gemahlenem Sandstein angerührt und ausgehärtet.

Der über zwei Meter hohen Halbplastik sieht man an, dass sie nicht für diesen Standort geschaffen wurde. Hoetger meißelte sie für das 1928 eröffnete Volkshaus an der damaligen Nordstraße (heute Hans-Böckler-Straße) im Bremer Stadtteil Walle, wo sie im Speisesaal an der Wand angebracht war. So ist es in der Literatur überliefert. Doch wieso wurde ausgerechnet eine Bacchus-Figur in einem Gewerkschaftshaus präsentiert? Es kann angenommen werden, dass *Bacchus* stilistisch und auch programmatisch zur Figurenserie *Lebensstufen unter der Last schwerer Arbeit und Not* an der Außenfassade des Gebäudes gehörte. Es waren acht Bronzeskulpturen, die ausgehend vom *Jungen Mädchen* und *Jüngling* über Zwischenstufen des Lebens und Arbeitens schließlich in die Darstellung *Alte Frau* und *Alter Mann* mündeten. Die beiden Jugendlichen waren noch schlanke Figuren mit glatter Oberfläche, aber bereits expressiver Armhaltung. Die Figuren der Arbeiter waren muskulöser gestaltet und ihre verzerrten Körper drückten eindringlich das Thema des Zyklus' aus. Die beiden Alten hatten als Kontrast große Köpfe mit eingefallenen Wangen und tiefliegenden Augen sowie buckelige, ausgemergelte Körper. Alle Statuen waren Akte, wodurch sie keine besonderen Berufe darstellten, sondern die Folgen der Last von Arbeit und Not für Körper und Seele der Menschen.

Bereits am 29. März 1933 verlangte der Senat von den Gewerkschaften die Beseitigung der Bronzen. Ludwig Roselius (vgl. *Ludwig Roselius*), Freund und Förderer Bernhard Hoetgers, bemühte sich um eine Lösung: Man könne unter die acht Skulpturen »Versailles« schreiben, um dem Versailler Vertrag nach dem Ersten Weltkrieg die Verantwortung für das Elend der Menschen anzulasten, das die Körper darstellten. Sein zweiter Vorschlag sah vor, dass er selbst die Figuren übernehmen und unter dem Titel »Die Folgen von Versailles« in der Martinistraße präsentieren könne. Beide Ideen wurden abgelehnt und die Figuren in den Keller des Gewerkschaftshauses gebracht. Schon am 4. April 1933 ordnete Senator Theodor Laue die Einschmelzung der Bronzen an, Roselius konnte es nicht verhindern. Die 60 bis 80 Zentimeter hohen Kleinausfertigungen in Bronze und Gips hingegen bewahrte man jahrelang in der Böttcherstraße auf und so konnte Manfred Lohrengel anhand dieser Modelle und mithilfe von Fotos Nachgüsse in Originalgröße herstellen. Der Bildhauer schuf 1979 sechs Kopien, die seither wieder an der vorderen und rückseitigen Außenfassade des Gewerkschaftshauses zu sehen sind. Das *Junge Mädchen* und der *Jüngling* befanden sich an der heute verbauten Ostseite und wurden nicht mehr nachgebildet.

Bei der Bacchus-Darstellung scheint es dagegen so zu sein, dass die Nazis die Hoetger-Figur im Speisesaal nicht im Blick hatten. Entweder wussten sie nichts von ihr oder sie hatten nichts an der Darstellung auszusetzen. Da die Steinfigur zudem nicht eingeschmolzen werden konnte, blieb sie die folgenden Jahre im Keller. Der Archivar der Böttcherstraße Uwe Bölts erinnert sich, dass Hans Tallasch, der damalige Prokurist und spätere Geschäftsführer der Böttcherstraße GmbH, die Figur fand und auch den Transport in die Böttcherstraße organisierte, rechtzeitig zur großen Hoetger-Ausstellung anlässlich des 90. Geburtstags des Bildhauers und Architekten. Seit 1964 kann man *Bacchus* daher im Hoetger-Hof bewundern.

Vergleicht man den *Bacchus* stilistisch mit den Fassaden-Skulpturen am Gewerkschaftshaus, so ist die Ähnlichkeit frappant, denn Form, Bearbeitungsweise, Größe und Ausdruck passen exakt in diesen Zyklus. Das würde bedeuten, dass die Figuren zusammen gesehen werden müssten. Plötzlich wird vorstellbar, dass Hoetger die Betitelung *Bacchus* erst nach den Angriffen der Nationalsozialisten erfand, dass diese Figur ursprünglich gar kein Bacchus war. Es ist auch nicht logisch, dass ausgerechnet im Speisesaal eines Gewerkschaftshauses zur Zeit der großen Inflation, der schlimmsten Wirtschaftskrise mit Arbeitslosigkeit und Massenarmut, ein Bacchus-Denkmal an die antiken orgiastischen Feiern zu Ehren eines Weingottes mit Schlachtung und Verspeisung von Hunderten Tieren erinnern sollte.

Sieht man die Figur unter diesem Aspekt, so könnte man in der Darstellung auch durchaus eine Mutter erkennen, aus deren Schoß fünf Kinder purzeln, noch schlafen sie glücklich und wissen nicht, was auf sie zukommen wird. Die »Mutter« hält sie in ihrem rechten Arm wie in einem Nest. Auch das Gesicht und der Haarschnitt erscheinen vor diesem Hintergrund weiblich. Für diese Interpretation sprechen auch die aufrechte Haltung, das Lächeln und der ursprüngliche Platz im Speisesaal des Gewerkschaftshauses. Dort drinnen erfreut sich die Mutter noch an ihrem glücklichen Nachwuchs. Doch draußen an der Fassade sieht man ihr zukünftiges Schicksal und das ihrer Kinder durch die Last der Arbeit und Not. Die Zeit nach dem Ersten Weltkrieg war gerade für die Arbeiterinnen mit Kindern eine schwere Belastung, besonders wenn erneute Schwangerschaften das Elend verschlimmerten.

Im Figuren-Zyklus an der Außenfassade gibt es eine Mutter-Kind-Figur. Ein Kind wird gestillt, das andere reckt sich zur Mutter hoch und will offenbar auch auf den Arm. Der Körper dieser »Mutter« hat deutlich an Kraft und Volumen verloren, er ist gekrümmt und durch die expressive Verzerrung wird die Belastung und Verantwortung deutlich. Besonders bei dieser Figur drängt sich die Ähnlichkeit mit *Bacchus* auf.

Die Platzierung der glücklichen und vitalen »Mutter« an einem prominenten Ort, wo sich die Arbeiter und Arbeiterinnen zum Essen trafen, im Speisesaal des Gewerkschaftshauses, könnte durchaus der Anfang des Figuren-Zyklus' gewesen sein. Es darf vermutet werden, dass Hoetger selbst die Transformation der »Mutter« zum *Bacchus* vorgenommen hat und damit das Werk rettete. Auf jeden Fall ist die Bacchus-Skulptur ein beeindruckendes Beispiel für ein Denkmal, das einen Bildersturm, den nationalsozialistischen, überdauerte.

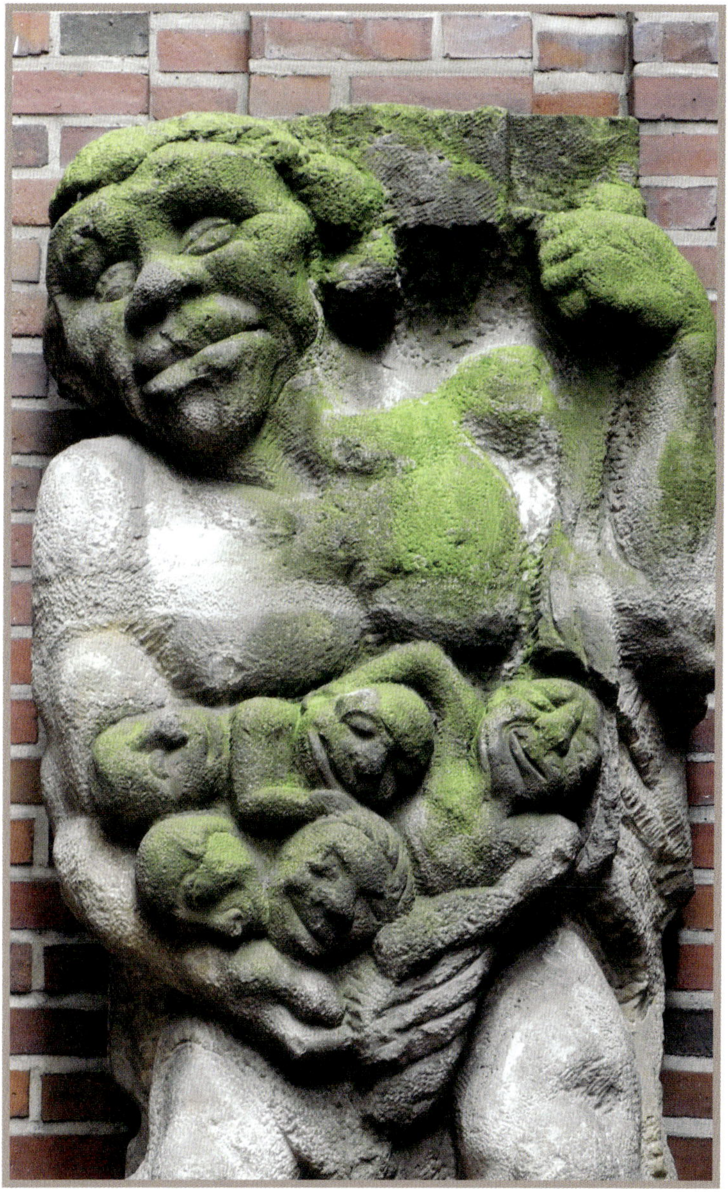

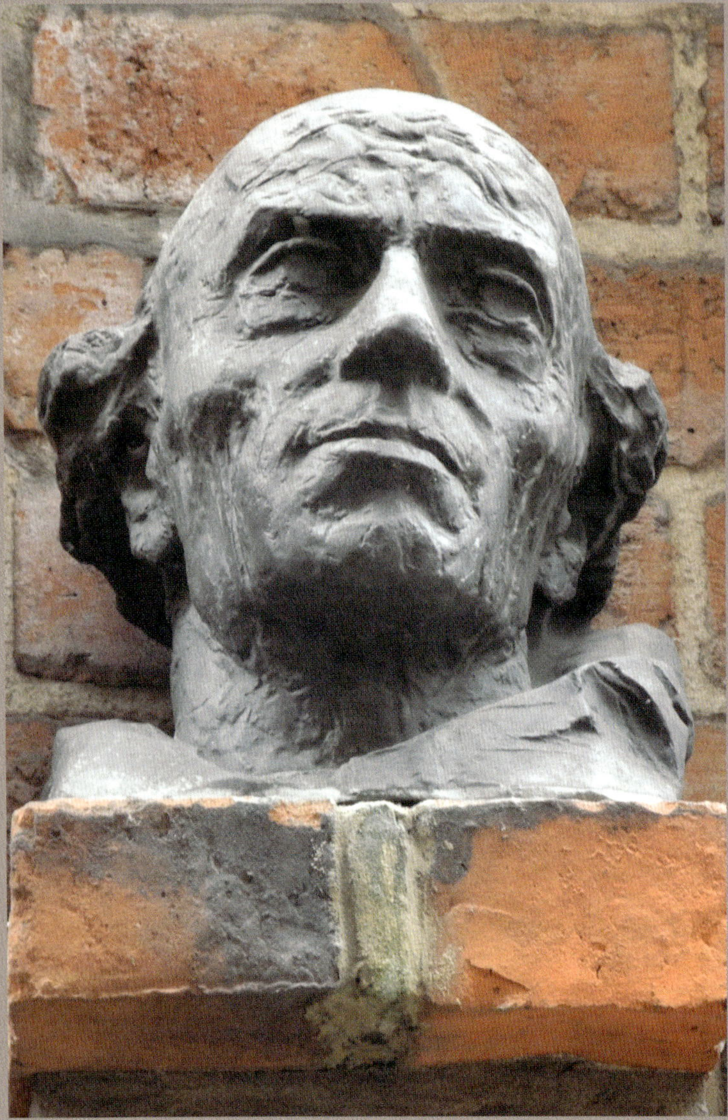

Paracelsus, eigentlich Theophrastus Bombast von Hohenheim, 1493/94 in Einsiedeln/Schweiz – 24.9.1541 in Salzburg

Paracelsus

1936, vermutl. 1954

24

Fassade Haus St. Petrus, Böttcherstraße

Als Bernhard Hoetger 1936 den Bronzekopf des Paracelsus schuf, standen er und seine beiden Gebäude in der Böttcherstraße bereits unter scharfer Kritik des nationalsozialistischen Regimes. Ab 1938 wurde er zur Gruppe der sogenannten »entarteten Künstler« gezählt und aus der NSDAP ausgeschlossen. Schon ab 1933 erhielt er kaum noch Aufträge, sodass der Paracelsus-Kopf zusammen mit den beiden Statuen auf der Terrasse des Paula Modersohn-Becker Museums (*Die Schreitende, Schauender Knabe,* beide 1936) und dem *Lichtbringer* von 1936 über dem Eingang zur Böttcherstraße seine spätesten Werke in der Böttcherstraße sind.

Der lebensgroße 32 Zentimeter hohe Bronzekopf steht zweieinhalb Meter über dem Boden auf einem dreistufigen Backsteinsims an der Kante des St. Petrus Hauses. Darunter liest man auf einer hellen Platte die Namen des Arztes und des Künstlers. Ein Vorteil eines relativ kleinen Denkmals ist, dass es leicht mehrfach gegossen werden und entsprechend häufiger verkauft werden kann, vor allem auch an Privatpersonen. Denn für Sammlerinnen und Kunstliebhaber ist es finanziell und aus Platzgründen leichter, ein handliches Kunstwerk ihr Eigen zu nennen. Vom Paracelsus-Kopf gibt es acht Ausfertigungen, sechs in Bronze, eine in Terrakotta und eine in Gips. Erst im Zuge des Wiederaufbaus des 1944 komplett zerstörten Gebäudes platzierte man die Büste, die wahrscheinlich aus der Kunstsammlung von Ludwig Roselius stammt, an der Fassade, vermutlich im Jahr 1954.

Stilistisch erkennt man bei diesem Porträt den Einfluss August Rodins, dessen bildhauerische Innovationen Hoetger während seines Paris-Aufenthalts von 1900 bis 1910 kennenlernte. Hoetger formte ein ausdrucksstarkes Gesicht mit eingefallenen Wangen, tief liegenden Augen, stark hervortretenden Augenbrauenwülsten, einer gerunzelten Stirn und einem asymmetrischen Mund. Die Tränensäcke und der mächtige, zerklüftete Haarschopf im Nacken stehen in einem kontrastreichen Spannungsverhältnis zu den vergleichsweise glatten Partien wie Nase und Glatze, wodurch der Künstler dem Gesicht eine überzeugende Vitalität verleiht. Der unförmige, blockartig geschnittene Kragen gibt als starke Form Halt und Stütze.

Mit dem Paracelsus-Kopf schuf Hoetger ein Denkmal für den berühmten Arzt mit einem klaren Wiedererkennbarkeitsanspruch und einer überzeugenden Charakteristik. Er lehnt jede Idealisierung oder Heroisierung ab, sondern zeigt mit künstlerischen Mitteln die Kraft des Menschen Paracelsus. Der prominente Wissenschaftler war bereits zu Lebzeiten in Kupferstichen porträtiert worden, sodass eine ungefähre Vorstellung seiner Physiognomie überliefert ist. Allen Abbildungen aus dem 16. Jahrhundert gemeinsam sind die mächtige Glatze und der wilde Haarkranz am Hinterkopf. Hoetgers Vorbild scheint das Denkmal in Beratzhausen gewesen zu sein, das den Arzt (im Gegensatz zu den Stichen) mit schmalem Gesicht darstellt. In der Stadt in der Nähe von Regensburg hatte der Wissenschaftler 1530 zwei seiner Hauptwerke verfasst.

Die Sockelinschrift des Denkmals in seinem Schweizer Geburtsort Einsiedeln würdigt Paracelsus als Arzt, Naturforscher und Philosoph, der als Erneuerer der Medizin und Vater der Chemotherapie gilt. Er förderte die Biologie und die Wundarznei, rettete »Geistesumnachtete«, war ein eigenwilliger Denker, ein demütiger Christ und Freund der Armen. Sein Leben wird als »faustisch« bezeichnet. Wir verbinden heute mit Paracelsus den Vater der Naturheilkunde und der ganzheitlichen Medizin. Viele seiner klugen Erkenntnisse, wie z. B. »Nur die Dosis macht das Gift«, sind heute Allgemeinwissen. In Bremen tragen die Paracelsus-Klinik und die Heilpraktikerschule seinen Namen.

Paracelsus' Wahlspruch lautete: »Nicht von einem anderen abhängig mache sich, wer sein eigener Herr zu sein vermag.« Ob Bernhard Hoetger diesen Satz kannte und ob er sich davon angesprochen fühlte, ist nicht mehr herauszufinden. Auch ist bis heute unklar, warum der Bildhauer ein Denkmal für den berühmten frühneuzeitlichen Arzt schuf, ob es sich um eine Auftragsarbeit von Ludwig Roselius handelte oder ob Hoetger in Eigenregie die Porträtbüste anfertigte. Bedenkt man die Zeit, in der der *Paracelsus* entstand, so ist sogar vorstellbar, dass Hoetger in seiner prekären Situation mit der Porträtierung einer unverfänglichen Persönlichkeit auf künstlerische Rehabilitierung und finanzielle Verbesserung hoffte.

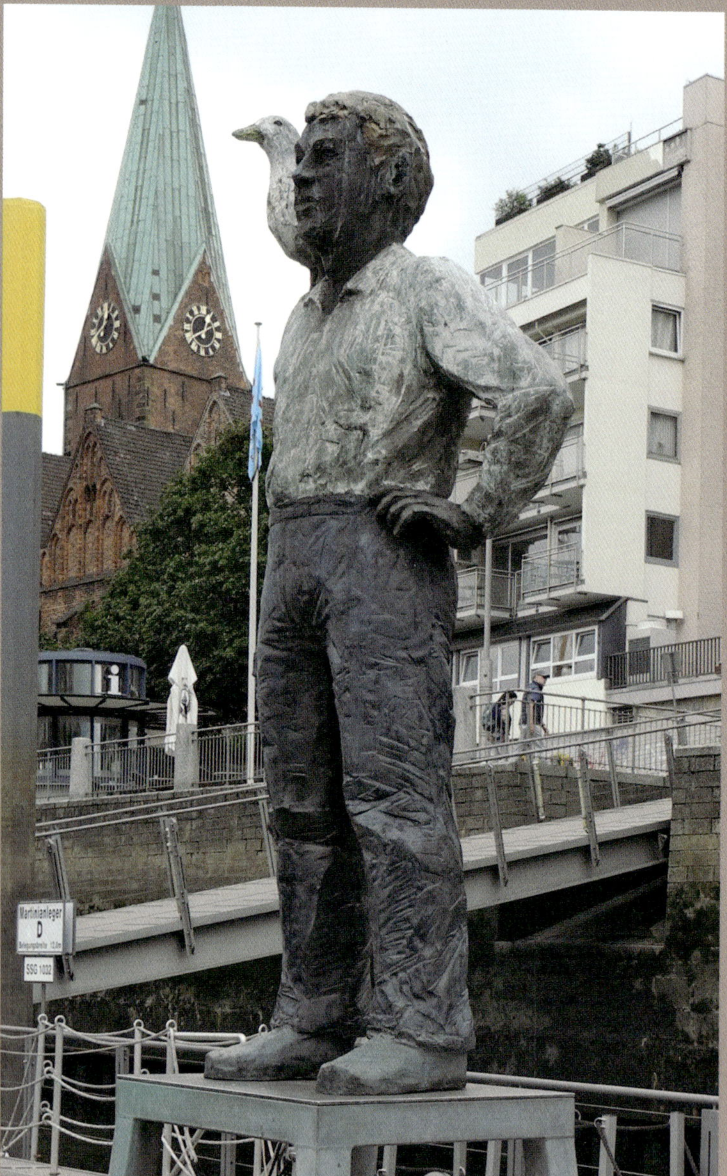
Martinianleger
D
SSG 1032

Mann mit Vogel

1996, 2003

Ponton am Martini-Anleger, Weser

25

An der Weser befindet sich eine der seltsamsten Bremer Männerskulpturen, der *Mann mit Vogel* von Stefan Balkenhol. Auf einem vierbeinigen Gestell aus Zinkblech, das an einen Hocker erinnert, steht aufrecht eine überlebensgroße Männerfigur aus bemalter Bronze.

Der Mann mit hellem Hemd und dunkler Hose ist ein Prototyp des künstlerischen Schaffens Balkenhols. Seine Figuren sind sich alle ähnlich, unterscheiden sich aber durch Haltung und Größe sowie Haut- und Haarfarbe. Balkenhol arbeitet ohne Modelle, deshalb sind seine Skulpturen keine Abbilder von konkreten Menschen, sie könnten aber dem Bildhauer selbst durchaus ähnlich sein. Die Figuren nehmen unspektakuläre Haltungen ein, sie stehen oder sitzen einfach da. Es sind ganz gewöhnliche, alltägliche Körperhaltungen von ganz normalen Menschen. Die Größe der Figuren hat allerdings nichts mehr mit der menschlichen Dimension zu tun, sie sind entweder ganz klein oder übergroß.

Der *Mann mit Vogel* ist mit Sockel dreieinhalb Meter hoch. Der Mann hat die linke Hand in die Seite gestützt, der rechte Arm hängt einfach herunter. Auf der rechten Schulter sitzt ein großer Vogel. Er scheint ein Teil des Mannes zu sein. Beide schauen in dieselbe Richtung, und für den Mann scheint es ganz selbstverständlich, dass ein Vogel auf seiner Schulter sitzt. Das Tier ist nicht näher spezifiziert. Es sitzt einfach da und der Mann steht auch einfach da und beide schauen auf die Weser. Einfach *Mann mit Vogel*. Beide sind namenlos anonym. Es gibt keine Informationen über den Mann, keinen Namen, nichts über seinen Beruf, seine Herkunft, sein Alter ist nicht bestimmbar, er zeigt keine Gefühle. Selbst die Bekleidung ist unspektakulär und zeitlos, dunkle Hose, helles Hemd. Er ist ein-

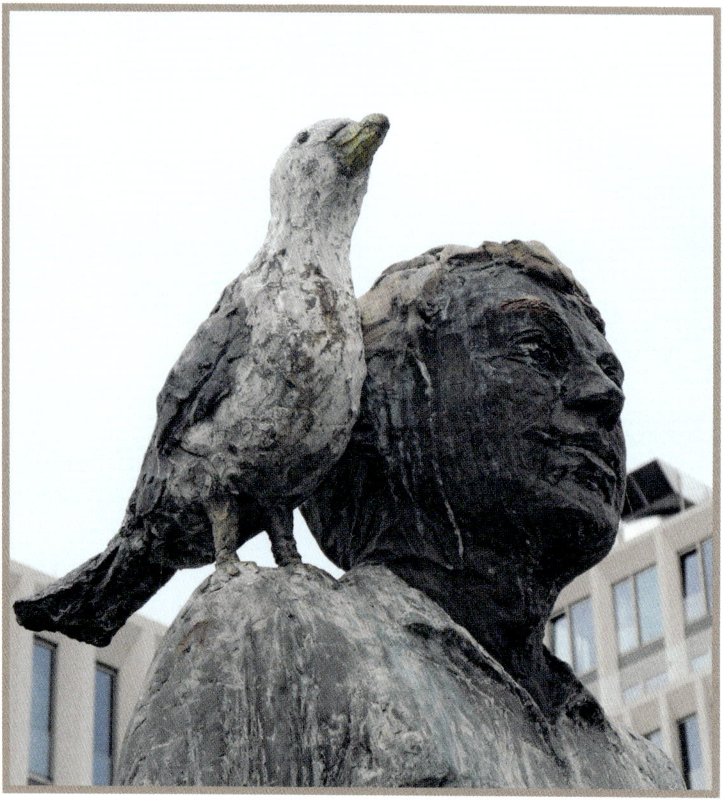

fach ein Mann, ein Mensch, der sich nicht über Äußerlichkeiten definiert.

Das Publikum wird zum Überlegen angeregt, wen und was diese Figur eigentlich darstellt. Die Alltäglichkeit kann sogar provozieren. Sollten gewöhnliche Leute in ihrer Banalität überhaupt dargestellt werden? Sind sie bildwürdig? Stefan Balkenhol stellt genau diese Fragen und lehnt damit jede Verherrlichung von Menschen ab. Seine figürlichen Standbilder stellen keine bedeutenden Personen oder gar Helden dar, denn jede »Denkmalsherrlichkeit« ist dem Bildhauer fremd. Der *Mann mit Vogel* steht zwar erhöht, aber nicht auf einem Sockel überhöht. Das dürre Metallgestell, das die Figur trägt, ist geradezu ein Anti-Sockel.

Balkenhol ist ein Holzbildhauer. Mit Stechbeiteln und Sägen arbeitet er die Skulptur direkt aus dem Stamm heraus und manches Mal lässt er ein Stück des Stammes als Sockel mit der Figur verbunden. Auch am *Mann mit Vogel* sieht man diese Arbeitsweise ganz deutlich. Das Modell für den Bronzeguss war eine Holzfigur. Selten glättet der Bildhauer die Flächen, sondern er lässt Kanten und Stege stehen, um das Material und den Arbeitsprozess sichtbar zu lassen. So bleiben die Oberflächen immer unruhig, mitunter sogar grob, und bewirken eine besondere Vitalität als Kontrast zu den ruhigen, inaktiven Haltungen.

Balkenhols Figuren erzählen keine Geschichten und übermitteln keine Botschaften, moralisierende oder ideologische Ambitionen sucht man vergeblich. Dennoch versteckt sich in ihnen etwas Geheimnisvolles. So hat der Bremer Mann eine sehr dunkle Haut und blonde Haare. Balkenhol selbst meint, dass es die Aufgabe des Publikums sei, diese Geheimnisse zu entdecken. Er glaubt, dass man eine besondere Selbsterfahrung im Spiegel mit der Skulptur erleben kann.

Bis zum Jahr 2003 stand die Figur am Bredenplatz und wurde im Zuge der Denkmalrochade *Moving the City* zum 30. Geburtstag des Projekts *Kunst im öffentlichen Raum* (vgl. *Herolde*) an die Weser versetzt, wo man den optimalen Ort für die Skulptur gefunden hat. Die Montage auf dem Ponton exakt über der Kreuzung zweier Verbindungsschienen belegt, dass weder Figur noch Aufstellungsort zufällig sind.

Stefan Balkenhols *Mann mit Vogel* ist ein Anti-Denkmal. Gerade deshalb wird es in diesem Buch beschrieben.

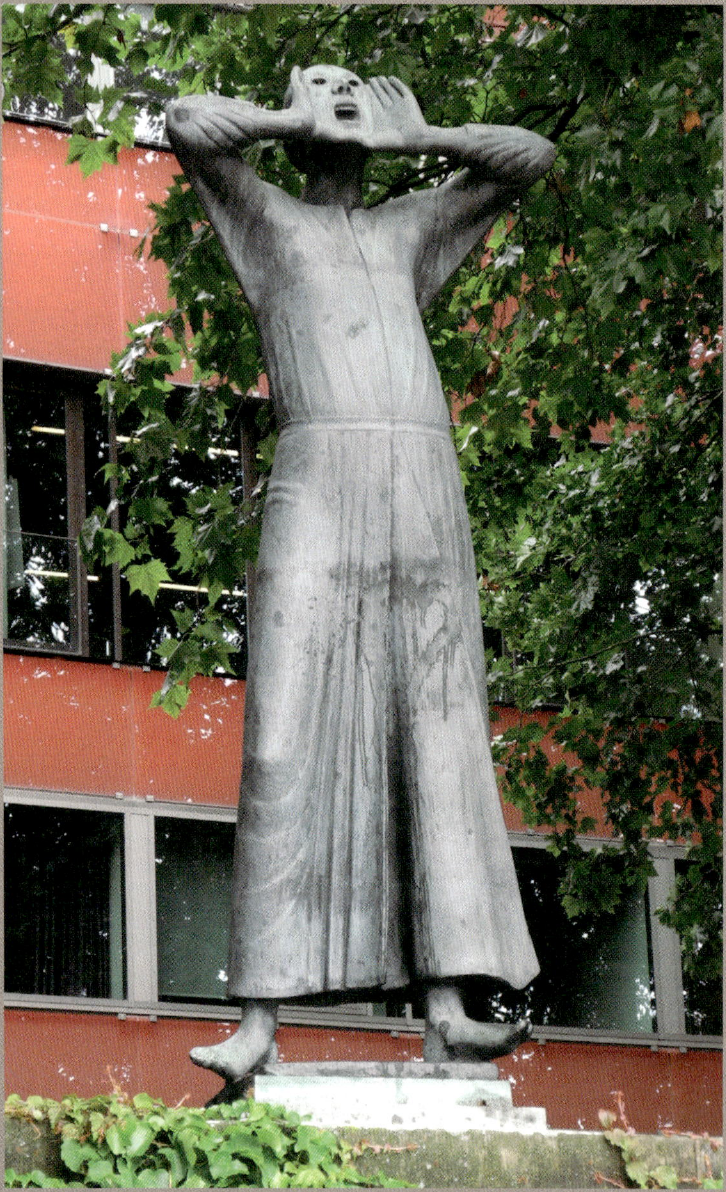

Der Rufer

1967, 2007

26

- Hinter der Mauer
  vor dem Radio-Bremen-Gebäude
  Weserhaus, Weserseite

2007 zog der Bereich Fernsehen des Senders Radio Bremen von der Osterholzer Hans-Bredow-Straße in das neue Gebäude an der Weser um. Dabei wurde auch *Der Rufer* übergesiedelt. Der aktuelle Standort ist jedoch nicht optimal gewählt, weil die Skulptur wegen ihrer Nähe zur Ufermauer nicht mit dem nötigen Abstand betrachtet werden kann. Eine Vorrichtung im Sockel ermöglicht aber ein Drehen der Figur, sodass sie bei besonderen Sendungen auf das Radio-Bremen-Gebäude blickt. 1967 schuf Gerhard Marcks die drei Meter hohe Bronzeskulptur eigens für das damals neue Funkhaus. Die Stadt Bremen wollte unbedingt ein weiteres Werk des Bauhauskünstlers, der schon 1953 die *Bremer Stadtmusikanten* geformt hatte. Die neue Skulptur sollte die Bedeutung und Funktion von Radio und Fernsehen künstlerisch sichtbar machen. Am Sockel informiert eine Inschrift über das Werk.

Marcks selbst schlug vor, eine zeitlose Figur zu schaffen, die das Urprinzip der menschlichen Kommunikation über weite Distanzen versinnbildlicht, das Rufen. Dabei sind Mund und Stimme für ihn erste und letzte Kommunikationsmittel. Als begeisterter Antiken-Kenner (vgl. *Verwundeter Achill*) bezog sich der Bildhauer auf den griechischen Stentor. In der *Illias* von Homer tritt Hera »dem Stentor gleich, [...] der so laut zu rufen pflegte wie fünfzig andere« vor die Griechen und fordert sie zum Kampf gegen die Trojaner auf. Als Begriff steht der Stentor also für eine laute Stimme und eine solche soll das Medium Fernsehen auch haben. Es soll viele Menschen erreichen und weite Distanzen überbrücken. Marcks sah im Rufen aber auch das Symbol für freie Meinungsäußerung. Einen Fernseher zu modellieren, hielt er für zu simpel. Mit dem *Rufer* schuf Gerhard Marcks somit auch ein Denkmal für den antiken Stentor.

Der Rufer steht barfuß auf einem mehrstufigen Steinsockel. Er trägt ein einfaches langärmeliges, knöchellanges Gewand, das mit einer Kordel um die Hüften gehalten wird. Die Arme sind nach oben angewinkelt, auf dem Hals sitzt ein relativ kleiner Kopf. Der Mund ist weit geöffnet und die Hände, links und rechts an den Wangen angesetzt, sollen den Ruf verstärken, ihn weit nach vorne tragen. Deshalb macht sich der Mann noch größer, er streckt seinen Körper und sein rechter Fuß löst sich dabei von der Standfläche. Die angedeuteten vertikalen Falten des Kleides ziehen den Körper optisch noch weiter in die Höhe. *Der Rufer* steht leicht nach hinten gebeugt im Gegenwind, der das Gewand an den Beinen ein wenig auseinanderweht. Man sieht, dass der Botschafter auch noch gegen den Widerstand dieser Naturgewalt ankämpft und seine Stimme entsprechend noch mehr anstrengt. Die große Kraft des Stentors und die Wichtigkeit der Nachricht zeigt der Bildhauer durch die Dimension der Figur und gleichzeitig durch eine radikale Reduzierung der Form. Die Haltung ist entscheidend für die Aktion, Marcks verzichtet ganz absichtlich auf eine detailreiche Oberflächengestaltung. Das ist ein Merkmal seiner Kunst.

Um das großartige Werk zu finanzieren, regte Marcks weitere Abgüsse der Form an, die er verkaufen würde. Für Bremen reduzierten sich durch den Verzicht auf den exklusiven Besitz der Skulptur die Kosten. So gibt es heute z. B. in Berlin, Aachen und Essen sowie im australischen Perth weitere *Rufer* – mit ganz verschiedenen Botschaften. In Perth erinnert die Figur an Folteropfer, in Berlin fordert sie Frieden. Gerhard Marcks hat die Worte nicht vorgegeben. So können wir uns gänzlich frei und unabhängig wünschen, welches Anliegen, welche Botschaft *Der Rufer* in unserer Zeit vorbringen könnte, sollte oder müsste.

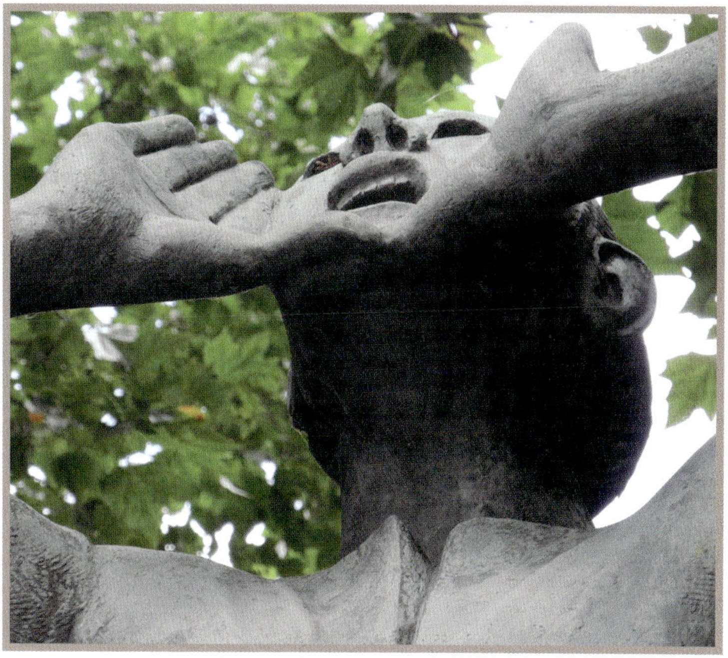

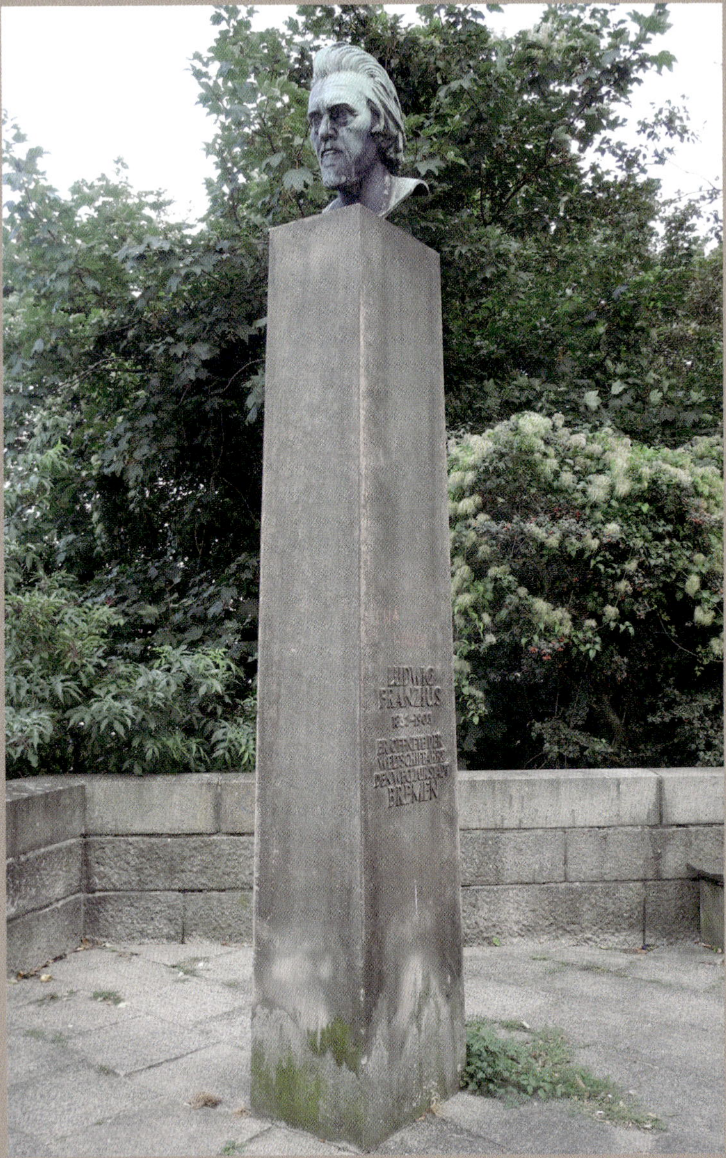

Ludwig Franzius, 1.3.1832 in Wittmund – 23.6.1903 in Bremen

Denkmal für Ludwig Franzius

27

1908, 1962

Franziuseck/Werderstraße

An der Ausbuchtung der Straße Franziuseck steht seit 1962 das Denkmal für den Wasserbauer Ludwig Franzius. Auf einer zwei Meter hohen Sandsteinstele ist die knapp 75 Zentimeter hohe Bronzebüste des verdienten Ingenieurs montiert, darunter steht eingraviert die Laudatio: *Er eröffnete der Weltschiffahrt den Weg zur Stadt Bremen.* Dieser starke Satz begründet das Denkmal. Es erinnert an den Mann, der ab 1883 die Weser regulierte und ab 1885 zwei neue Hafenbecken im Nordwesten anlegte. Damit wurde die Stadt Bremen, obwohl sie über 60 Kilometer von der Küste entfernt liegt, eine Seestadt.

Schon in seinem Todesjahr 1903 diskutierte man über ein Denkmal, 1905 wurde ein Wettbewerb ausgeschrieben, den Georg Roemer gewann. Er schuf ein naturalistisches Abbild des Technikers. Das nach hinten gebürstete volle Haar und die großen Augen vermitteln den Eindruck eines Mannes, der im Wind steht und mit scharfem Blick in die Weite schaut. Und in der Tat hat Franzius das auch getan.

Seit dem 1. April 1875 arbeitete Franzius als Oberbaudirektor in Bremen und legte 1881 seinen Plan zur Weserkorrektion vor. Als entscheidend für den Handelsplatz Bremen erwies sich die Vertiefung der Weser für Schiffe mit fünf Metern Tiefgang und der Bau von vorerst einem neuen Hafenbecken an der ehemaligen Stephanikirchenweide. 1885 begannen die Arbeiten. Das Freihafengebiet konnte rechtzeitig vor dem Zollanschluss 1888 in Betrieb genommen werden (vgl. *Bismarck-Denkmal*). Damit stand den Schiffen ein zwei Kilometer langes und 120 Meter breites Hafenbecken (ab 1938 der Europahafen) zur Verfügung. Um den Freihafen baute man Speicher und Schuppen für Tee, Tabak, Baumwolle, Wein, Reis, Getreide, Früchte, Wolle und Jute, denn weder für die Lagerung noch für die Weiterverarbeitung im Freihafengebiet mussten Zölle entrichtet werden. Die mit Wasserdruck arbeitenden Kräne luden und entluden die Waren, die auf dem neuen Schienennetz weitertransportiert werden konnten. Ab 1891 war mit dem Holz- und Fabrikenhafen ein weiteres Becken fertig, für das mehrere Millionen Kubikmeter Sand ausgehoben worden waren. Bremen stieg zum Welthafen auf. 1895 konnte Franzius auch die Weserbegradigung und die Verbesserung des Fahrwassers der Außenweser von Bremerhaven bis Wremen abschließen. Nicht mehr unter seiner Leitung und Planung entstand von 1898 bis 1906 der Freihafen II (ab 1938 der Überseehafen).

Für das Denkmal fand man zunächst auf der Altstadtseite am Ende der Wachtstraße an der Uferbefestigungsmauer einen würdigen, exponierten Platz gleich neben der historistischen Kapff-Villa, in der 1909 das Transportunternehmen Kühne + Nagel seinen Stammsitz eröffnete. Am 15. Oktober 1908 weihte man es ein. Der Architekt Fritz Schumacher schuf eigens für die Präsentation einen halbrunden, offenen Pfeilerbogen, der die Franzius-Büste wie in einem Ehrenhain einrahmte. Damals stand der Porträtkopf auf einem nach vorne abgeschrägten Sockel, dieser wiederum auf einer dunklen Schmuckstele und das Ganze stellte man noch höher auf einen hellen Steinquader. Nachteilig empfand man damals, dass dem Publikum an dieser Stelle der Blick auf die Weser versperrt war und das Denkmal zur Altstadtseite ausgerichtet stand. Zweifelsfrei drückte es die Wertschätzung für Franzius aus, die gesamte Inszenierung wirkte jedoch altmodisch und stand nicht im Einklang mit der Modernität, die der Oberbaudirektor Bremen verschafft hatte.

1942 fiel der Bronzekopf als »Metallspende« der Kriegswirtschaft zum Opfer, den Pfeilerbogen und das angrenzende Kühne + Nagel Gebäude zerstörten Bomben 1944. 1962 fertigte man schließlich einen Nachguss der Porträtbüste und setzte dabei einen dezenten Schulteransatz an das Kinn. Für das neue Denkmal fand man auf der anderen

Weserseite, wo Ludwig Franzius einst sein Wohnhaus hatte, einen passenden Aufstellungsort. Von dort schweift sein Blick über seine regulierte Weser in Richtung Häfen, wo allerdings seit dem Jahr 2000 die Überseestadt entsteht. Mit dem Beginn der Container-Schifffahrt in den späten 1960er-Jahren und damit verbunden den immer höheren Frachtraten reichten die Becken bald nicht mehr aus. 1998 schüttete man innerhalb eines halben Jahres den Überseehafen zu und baute auf dem entstandenen Gelände den Bremer Großmarkt. Am Europahafen erinnern die Franziuskaje und der Ludwig-Franzius-Platz am Hafenkopf an ihren Baumeister, doch große Schiffe findet man dort nur noch selten.

Auch heute muss man, bedingt durch den hohen Sockel, zu Ludwig Franzius aufschauen, will man sein Bronzeporträt sehen. Liest man die Inschrift aufmerksam, so erklärt sie das Selbstbewusstsein und die Dankbarkeit Bremens. Gänzlich unbescheiden erfährt man, dass die Weltschifffahrt nun nach Bremen kommen könne, und nicht, dass jetzt auch Bremer Schiffe in die Welt fahren können. Anzumerken bleibt, dass es in der Familie Franzius bis heute erfolgreiche und berühmte Wasserbauer gibt.

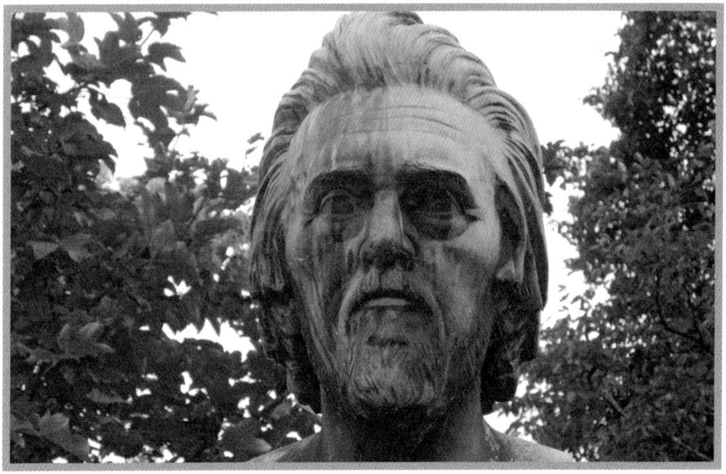

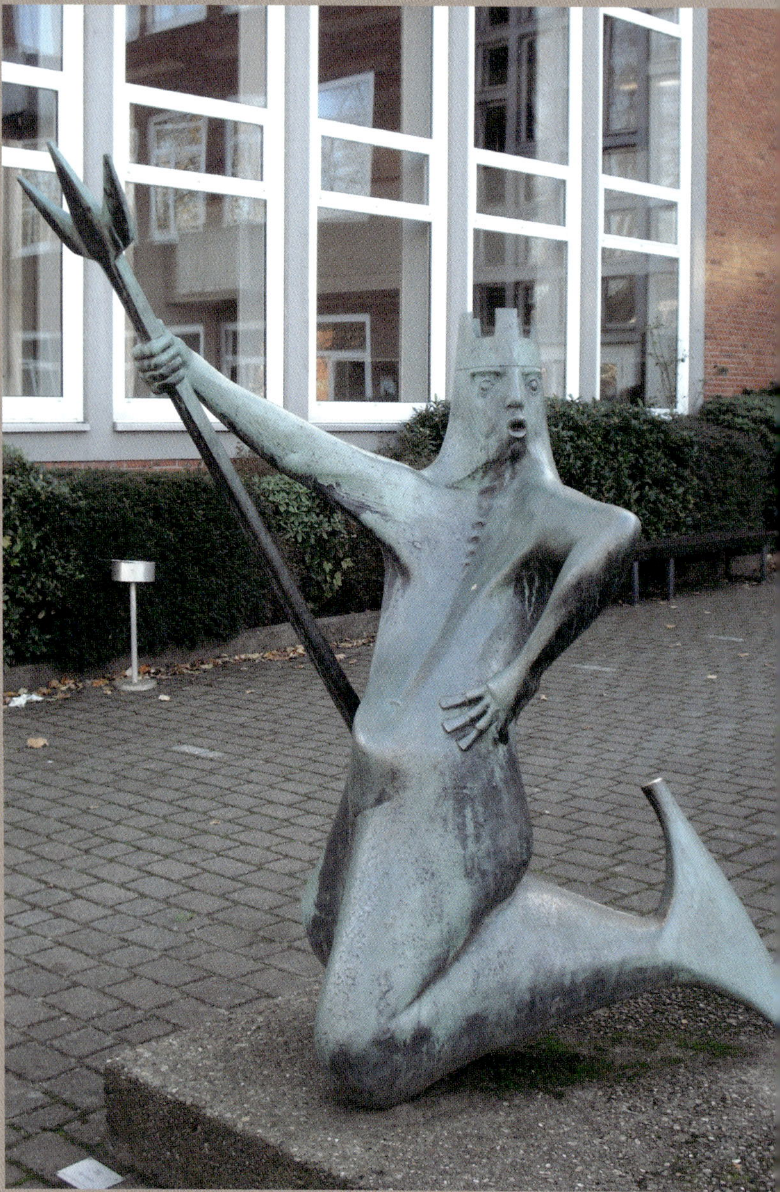

Neptun

1958

28

Vorplatz Lehrgebäude der Hochschule Bremen, Werderstraße 73

Seit der Eröffnung der Bremer Seefahrtschule 1958 weist das Denkmal für den Meeresgott Neptun auf die Funktion des Gebäudes hin. Bis heute erhalten die zukünftigen Kapitäne und Kapitäninnen hier an der Fakultät Nautik und Seeverkehr der Hochschule Bremen ihre theoretische Ausbildung. Sie erlernen die Techniken, um ein Schiff zu führen, nautische Entscheidungen zu treffen und das gesamte Geschehen an Bord zu organisieren und zu überwachen. Sie werden Flüsse und Meere befahren und Menschen und Güter sicher und zuverlässig an ihre Ziele bringen. Sie wissen, dass die See trotz aller nur erdenklichen physikalisch-technischen Errungenschaften im Schiffbau und der Navigation niemals gänzlich beherrschbar ist und jede Reise Gefahren birgt.

Die seefahrenden Völker entwickelten aus Angst und Respekt vor dem Meer Rituale und etablierten Bräuche wie z. B. die Schiffstaufe in der Hoffnung auf eine glückliche, sichere Fahrt. Die Griechen und Römer der Antike personifizierten das Meer mit seinen Gefahren und Unberechenbarkeiten in Gestalt von Göttern, allen voran der griechische Poseidon oder römische Neptun. Ihm schienen die Schiffe mit Besatzung und Waren ausgeliefert zu sein, selbst geschickteste Seefahrer konnten Neptun nicht bezwingen. Er allein entschied über Wetter und Wellen und das Erreichen sicherer Häfen.

Dem *Neptun* vor der ehemaligen Seefahrtschule sieht man seine Macht und Kraft an. Es scheint, als wäre er just in diesem Moment geradewegs aus dem Meer gesprungen. Das linke Knie, eine Spitze der Schwanzflosse und der Dreizack haben bereits festen Boden unter sich und demonstrativ streckt uns der Meeresgott seine gefährliche Waffe entgegen. Im spitz nach vorne zulaufenden Bauch und dem nach hinten geneigten Rücken erkennt man noch den abrupt gestoppten Sprung aus dem Wasser. Der linke Arm, selbstbewusst in die Seite gestemmt, unterstützt die Wucht, mit der sich Neptun den künftigen Nautikern entgegenstellt. Mit rollenden Augen scheint er warnend zu rufen: »Ho, seht her, ich bin der Herrscher des Meeres und ich entscheide über Gelingen oder Untergang – vergesst das nicht!«

Der Bildhauer Paul Halbhuber schuf eine ca. 1,75 Meter hohe, massige Bronzegestalt, die durch ihre Krone und den Dreizack sofort identifizierbar ist. Dieser *Neptun* ist trotz der menschlichen Züge sichtbar als Meeresgeschöpf inszeniert, das ein Gewand aus Wasser zu tragen scheint. Unterschenkel und Füße sind zu einem Fischleib mit Schwanzflosse verschmolzen, die Fingerkuppen der linken Hand laufen breit und mit Rillen versehen aus und könnten als kleine Flossen die Fortbewegung im Wasser erleichtern. Das Brustbein erinnert als unterbrochene, tief gekerbte Linie an das Rückgrat eines Fisches. Die grünlich-türkise Farbe der Patina veranschaulicht perfekt das Metier des Wassermanns.

Paul Halbhuber arbeitete mit den raffiniert komponierten geometrischen Formen Dreieck und Viereck. Durch die Aufstellung der Skulptur im Raum ist es möglich, *Neptun* von allen Seiten anzuschauen. Dabei kann man sich diese Formen, die mal weicher, mal schärfer konturiert sind, immer wieder in neuen Dimensionen und Zusammenhängen erschließen. Kleine kreisnahe Formen an der Schwanzflosse, als Bauchnabel sowie als Mund und Augen ergänzen die Konstruktion.

Die künstlerische Interpretation des Meeresgottes ist nicht verherrlichend, fordert aber als Personifizierung des Meeres ein Nachdenken über das Meer. Das Neptun-Denkmal aus den späten 1950er-Jahren ist als Kunstwerk durch seine Modernität auch heute noch spektakulär, durch die Platzierung genießt es hingegen leider keine große Popularität. Dabei ist gerade dieser Neptun sehr

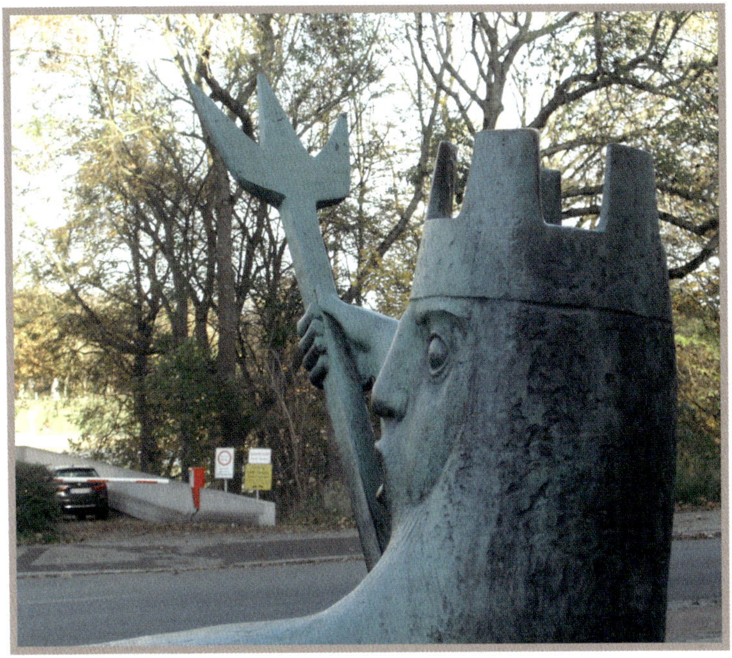

sehenswert und verkörpert mit den anderen Neptun-Figuren (vgl. *Neptunbrunnen*) die Bedeutung des Meeres für das bremische Selbstverständnis und die hanseatische Wirtschaft.

Paul Halbhuber schuf für Bremen etliche Werke, darunter die *Windrose* (1966) an der Schlachte und das *Füllhorn* (1983) auf der Zuwegung zum Focke-Museum. Sein *Neptun* ist jedoch ein ganz besonderes Meisterwerk.

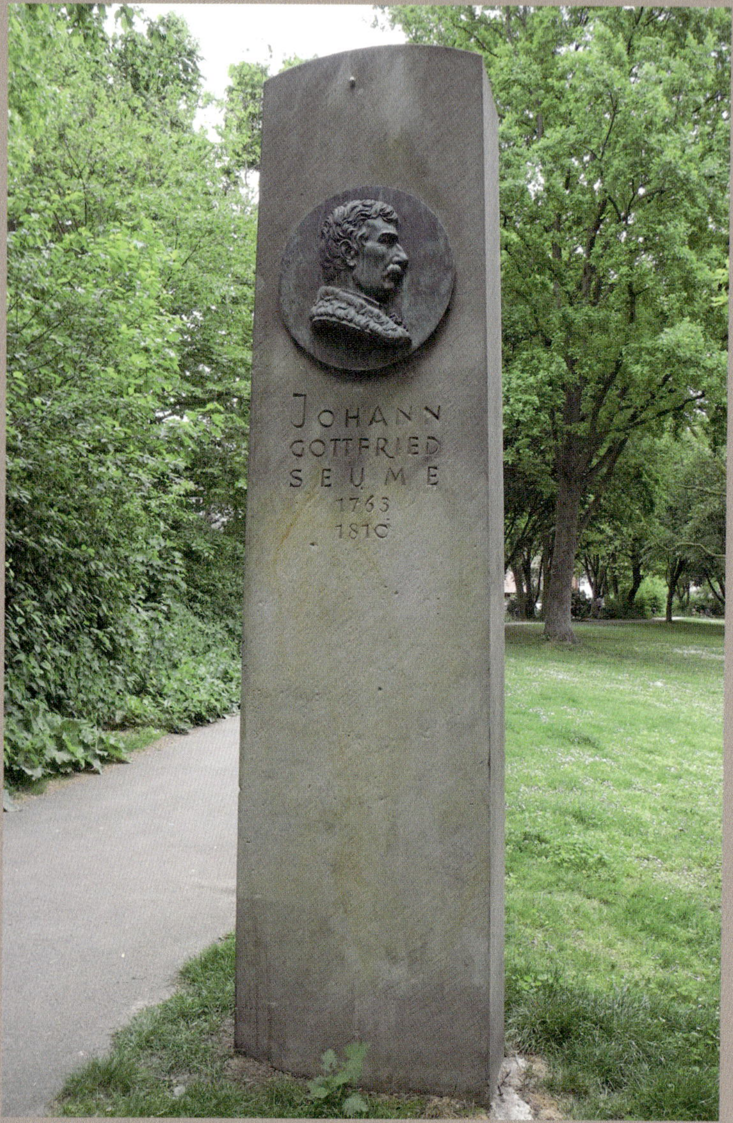

Johann Gottfried Seume, 29.1.1763 in Poserna, Kursachsen – 13.6.1810 in Teplitz, Böhmen

Denkmal für Johann Gottfried Seume

29

1864/1963

Am Werderufer/Franziuseck

Am Ufer der Kleinen Weser steht in der Nähe der Wilhelm-Kaisen-Brücke auf einem Wiesenstück seit dem 23. Juli 1963 das Denkmal für den Dichter Johann Gottfried Seume. In eine 2,50 Meter hohe Sandsteinstele sind das bronzene Profilbildnis sowie der Name und die Lebensdaten eingearbeitet. Genau genommen ist es das Denkmal für die Bremer Bürger, die Seume laut Inschrift auf der Rückseite 1783 retteten.

Die runde Plakette war ursprünglich an einer Wand des Bremer Arbeitshauses an der Herrlichkeit, also unweit des heutigen Aufstellungsortes, montiert. Mit der Zerstörung des Gebäudes fiel auch das Porträt den Bomben zum Opfer und wurde erst nach dem Krieg neu gegossen und zu einem Denkmal mit Stele umgearbeitet. Der in Bremen beliebte Dichter Hermann Allmers hatte das Bildnis initiiert und gestiftet, um seinen Kollegen dauerhaft zu würdigen.

Johann Gottfried Seume plante eine Laufbahn als Militär in Führungsposition, doch der fehlende Adelstitel war ein Handicap. Er ließ sich für die hessische Truppe rekrutieren, ahnte aber nicht, dass der Landgraf seine Soldaten den Engländern verkaufen würde, damit diese in Amerika gegen die dreizehn aufständischen Kolonien kämpften. Nach langer Seereise kamen die Soldaten 1782 an, da war der Krieg aber bereits zu Ende. Die Rückreise endete in Bremen und Seume erfuhr, dass er erneut verkauft worden war, dieses Mal an die Preußen. Der Umgang im preußischen Militär war bekanntermaßen brutal, dem wollte er sich nicht aussetzen. Noch bevor es weiterging, konnte er fliehen und wurde von einigen Bremern versteckt. Die Gründe der Helfer sind nicht überliefert. War es Mitleid mit dem jungen Mann oder hatten die Bremer die Absicht, den Preußen eins auszuwischen? Die Aktion war jedoch nicht sonderlich erfolgreich, denn Seume lief immer noch in der preußischen Uniform herum und so war der Deserteur leicht zu ergreifen. Hermann Allmers lieferte mehrere variierende Beschreibungen, die aber recht schwammig blieben. Vier weitere Jahre verbrachte Seume zwangsweise in der Truppe, stationiert in Emden, und weitere Fluchtversuche scheiterten. Ein daraus resultierendes Todesurteil wurde nicht vollstreckt, Begnadigung und Kaution ermöglichten dem 24-Jährigen schließlich die Reise nach Leipzig, wo er als Student und Schriftsteller seine Karriere startete.

Hermann Allmers war offenbar von Seumes Unbeugsamkeit und der damit verbundenen Einstellung beeindruckt, stand er doch selbst republikanischem Gedankengut nahe. 1858 notierte er bedauernd: »Als ich im vorigen Oktober in Kassel war […] da war mir ein vortrefflicher Gedanke gekommen: für das Schand- und Blutgeld der verkauften zwölftausend Landeskinder sollte dieser riesige Palast [Kattenburg] gebaut werden – davon ein Würfelquader, das wäre der rechte Denkstein für Seume.« Er verstand Seume als Gegner der Aristokraten, gerade was deren Verhalten während der napoleonischen Zeit betraf: »Nicht Seumes Person allein gilt jenes Denkmal, obwohl er zu den Edelsten und Besten seiner Zeit gehörte und ein echter deutscher Mann in der schönsten Bedeutung des Wortes war. Nein, vielmehr soll es dastehen als ein ernstes, mahnendes Denkmal an eine dunkle traurige Zeit voll Schmach und Erniedrigung.« Selbstverständlich war Allmers auch von der Literatur Seumes begeistert, dessen *Spaziergang nach Syrakus im Jahre 1802* ein Bestseller war, ein unglaubliches Werk, in dem Seume seine Reise über 7.000 Kilometer nach Syrakus beschrieb, die er größtenteils als Fußmarsch bewältigte. Und noch 1902 fragte Allmers: »Wer sollte ihn nicht lieben und hoch verehren, ebenso seines Charakters und seiner traurigen Schicksale als seiner Lieder wegen – den armen Seume?«

1854 lernte Hermann Allmers in München den jungen Schweizer Bildhauer Victor von Meyenburg kennen und erteilte ihm sofort den Auftrag für ein Bronzeporträt. Ein gezeichnetes En-face-Porträt stand zur Verfügung und so konnte von Meyenburg ein viel gelobtes, naturnahes Profilbildnis schaffen. Obwohl der Bronzeguss schon 1858 fertig war, wurde er erst 1864 platziert. Grund für diese Verzögerung war vermutlich die ungeklärte Platzfrage. Schließlich schenkte Allmers das Relief dem Künstlerverein (Kunstverein) mit der Auflage, es entweder im Vereinsgebäude oder in der Öffentlichkeit zu präsentieren. Der Bremer Senat erteilte zwei Tage nach der Antragstellung die Genehmigung und am 12. Juni 1864 wurde die Plakette eingeweiht.

Das Denkmal erfüllt seinen ureigensten Zweck, eine Person dauerhaft im Gedächtnis zu erhalten. Es ehrt Bremen, dass man nach dem Zweiten Weltkrieg einen schönen Platz gefunden hat und damit auch auf jene Menschen aufmerksam macht, die sich für Seume einsetzten, die hilfsbereiten Bremer ebenso wie den Initiator des Denkmals Hermann Allmers.

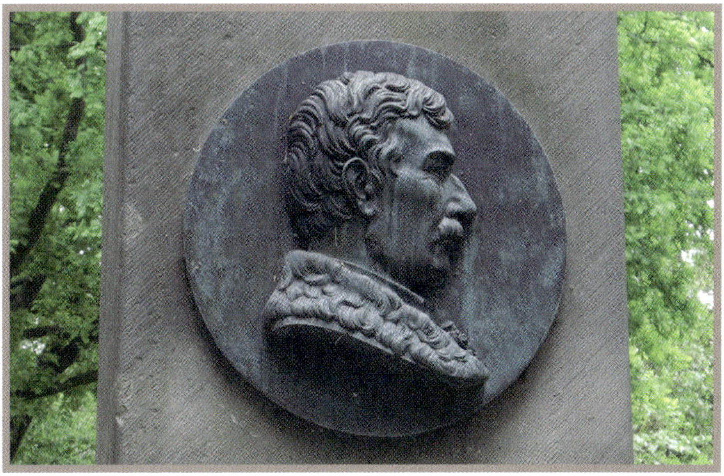

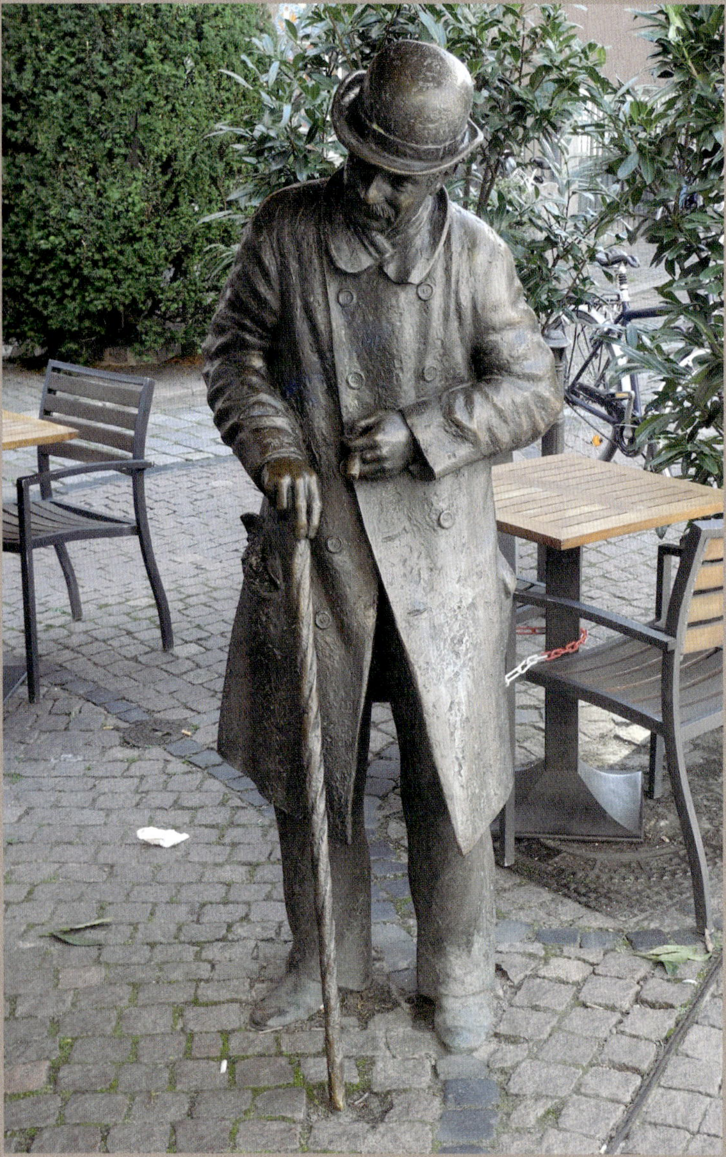

Jürgen Heinrich Keberle, 18.4.1835 in Bremen – 13.9.1909 ebenda

Heini Holtenbeen

1989/90

30

● Hinter der Holzpforte, Schnoor

Kommt man durch den schmalen Gang von der Wüstenstätte zur Marterburg, so begegnet man einem Bronzemann, der so echt und lebendig aussieht, als würde er auf jemanden warten. Der Bremer Bildhauer Claus Homfeld schuf im Rahmen des Programms *Kunst im öffentlichen Raum* 1989 das Denkmal für Jürgen Heinrich Keberle, genannt Heini Holtenbeen, das 1990 aufgestellt wurde. Eine Tafel am Gebäude vor der Skulptur stellt Holtenbeen vor.

Leicht gebeugt, den Kopf zur Seite geneigt, in der linken Hand einen Zigarrenstummel, steht der kleine Mann auf einen gedrehten Stock gestützt direkt auf dem Boden. Der Mantel ist nur zur Hälfte zugeknöpft, aus der rechten Manteltasche quillt ein Schnupftuch, die faltige Hose reicht bis zum Boden und trotzdem sieht man die schäbigen Schuhe. Auf dem Kopf sitzt ein rundlicher Hut. Keine Heldenfigur steht vor uns, sondern das Standbild für einen Mann, der durch Schicksalsschläge in Armut geriet und sich durch Betteln und originelle Sprüche ein geringes Zubrot verdiente. Er grüßte die Bremer Kaufleute vor der Börse auf dem Marktplatz, hob ihre weggeworfenen Zigarrenstummel auf und freute sich, wenn einer der Herren auch einmal absichtlich eine halbe Zigarre spendierte.

Als Jugendlicher begann Heinrich, Sohn eines Schuhmachers, eine Ausbildung bei einem Tabakküpermeister. Die Küper waren für die Qualitätskontrolle der Waren im Hafen sowie für deren fachgerechte Lagerung zuständig. Sie halfen den Kaufleuten beim Verpacken der Ware, beherrschten also ein Handwerk, das in der Hafen- und Handelsstadt Bremen wichtig war. Somit hatte Keberle recht gute Berufsaussichten. Durch einen Sturz verletzte er sich jedoch am Bein, sodass er nachhaltig geschädigt und vermutlich durch

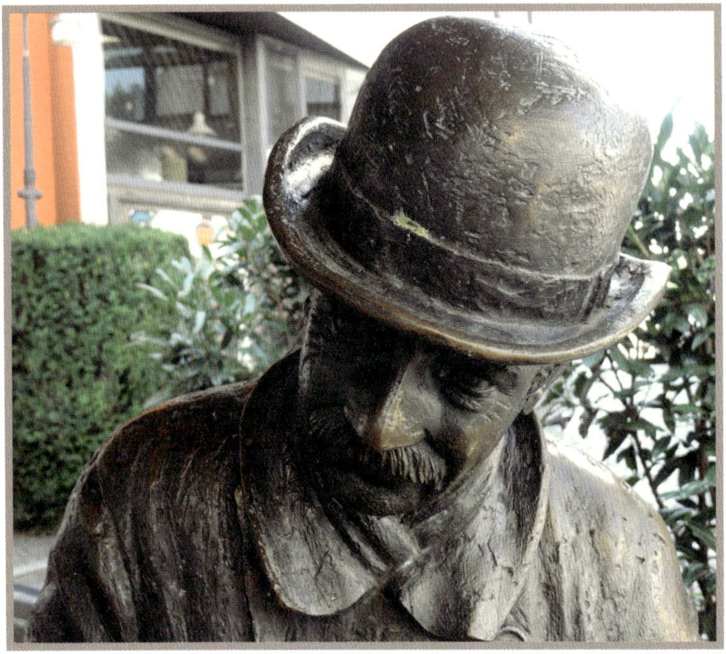

eine Gehirnerschütterung auch intellektuell beeinträchtigt war. Er konnte seine Lehre nicht beenden und schlug sich in jungen Jahren als Dienstmann und später mit Gelegenheitsarbeiten durch. Lange Jahre wohnte er im Schnoor, später im Stephaniviertel und starb schließlich mit 74 Jahren nach einem Schlaganfall und einer Lungenentzündung in der Nervenklinik Osterholz-Ellen.

Es ist durchaus nicht üblich, Menschen aus einfachen Verhältnissen Denkmäler zu widmen. Claus Homfeld hat sich intensiv mit den Berichten und Anekdoten über Heini Holtenbeen beschäftigt und auch diverse Abbildungen studiert. Der kleine Mann galt als Bremer Original, mit dieser Bezeichnung beschrieb man seine Popularität und seine besondere Überlebensstrategie. Er war offenbar ein sympathischer Zeitgenosse, sein Betteln erfolgte unaufdringlich und fiel nicht lästig. Mit Hut, Stock und Mantel, rasiert und frisiert, machte er den feinen Bremer Kaufleuten seine Aufwartung. Ein ordentliches Aussehen war ihm wichtig, er ließ sich nicht gehen. Der Bildhauer schuf ein realistisches Abbild des einfachen, freundlichen Mannes und verwies nur durch ein winziges Detail auf seine Armut: den fehlenden untersten Knopf am Mantel. Heinrich Keberles Leben war schwer und sicher musste er Spott und Beleidigungen ertragen. Schon allein die Verniedlichung und Umwandlung seines Namens in Heini Holtenbeen, der Mann mit dem Holzbein, wird ihn gekränkt haben.

Dieses Denkmal erfüllt die Erinnerungsfunktion ganz trefflich, weil es so lebendig ist – und viele Aspekte dieses Lebens zum Nachdenken anregen.

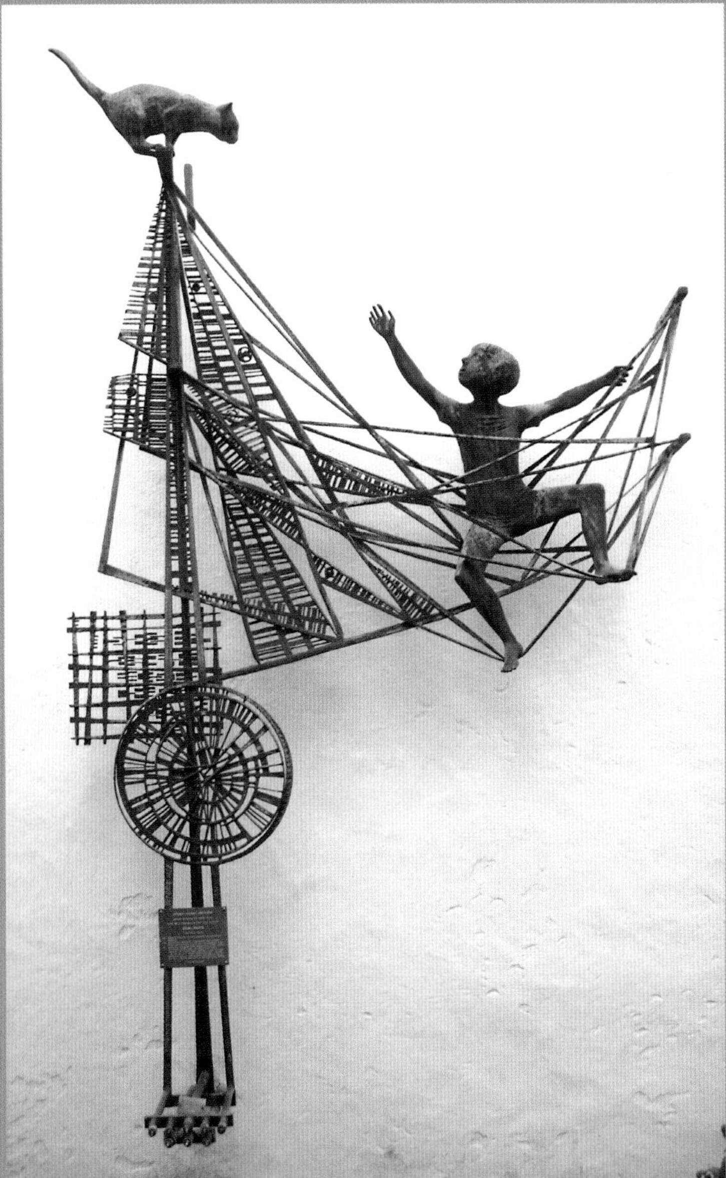

Ottjen-Alldag-Brunnen / Georg-Droste-Gedenkstätte

31

1963/64

Schnoor 39–40

Gegenüber dem Institut für Niederdeutsche Sprache im Schnoor fand man 1964 einen idealen Ort für den *Ottjen-Alldag-Brunnen*. Den kleinen öffentlichen Platz, der mit Pflanzen und einer niedrigen Mauer eingefasst ist und der genauso wie das Brunnenbecken mit der Bronzeschale zum eigentlichen Denkmal gehört, bezeichnete der ehemalige Bremer Denkmalpfleger Karl Dillschneider etwas pathetisch als Gedenkstätte für Georg Droste. Finanziert wurde die Installation durch Spenden und Sammlungen. Sie erinnert an den Bremer Dichter, der durch seine autobiografisch angelegte Trilogie des *Ottjen Alldag* den Alltag eines bremischen Jungen von der Geburt bis ins Erwachsenenalter beschrieb. Die auf Plattdeutsch verfassten Romane erschienen erstmals 1913–1916 im Carl Schünemann Verlag, wurden mehrfach aufgelegt und erfreuten sich in den 1950er-Jahren durch die Hörspielfassung von Heinrich Schmidt-Barrien für Radio Bremen besonders großer Popularität. Die später am Brunnenrohr angebrachte Tafel mit Erläuterungen nennt zwei falsche Jahreszahlen und schreibt auch den Vornamen des Künstlers falsch.

Anstelle einer Skulptur, die den Dichter darstellt, schuf der Bildhauer Claus Homfeld zwei Bronzefiguren und eine komplizierte dreidimensionale Netzkonstruktion aus rechteckigen und runden Kupferstangen. In den dünnen Seilen hält sich ein kleiner Junge fest und versucht von dort mit seiner ausgestreckten Hand, eine Katze zu erreichen, die sich auf einem schmalen Steg so weit wie möglich zurückgezogen hat. Von dort schaut sie mit steil in die Höhe gerichtetem Schwanz auf den Jungen herunter. Ottjen blickt sehnsüchtig zum Tier, das er nicht greifen kann, und man weiß nicht, ob die Katze den Sprung wagen wird. Kind und Katze sind realistisch gearbeitet, das Netz wählte der Künstler als Symbol für das Schicksal, in das jeder Mensch verstrickt ist. Die fein verwobenen Schicksalsfäden können Halt und Sicherheit geben, genauso aber auch verworren und unentrinnbar ein Leben prägen.

Obwohl Georg Droste aus einfachsten Verhältnissen stammte, absolvierte er eine Lehre bei einer Wollfirma. Mit 20 Jahren erblindete er, konnte aber als Straßenhändler und Korbflechter für seine Familie sorgen. Gerne erzählte er bei der Arbeit seinen Kindern Geschichten, die seine älteste Tochter anfangs nach seinem Diktat aufschrieb. Schon 1908 konnte er sein erstes Buch *Achtern Diek* veröffentlichen. Durch die großen Erfolge lebte Georg Droste schließlich als angesehener Dichter von seiner Schriftstellerei und schrieb jetzt auf einer Schreibmaschine für Blinde.

Trotz der auf den ersten Blick unübersichtlichen Fädenkonstruktion baute Claus Homfeld als Netze gearbeitete Dreiecke, ein Rechteck und einen Kreis ein. Sie sind vertikal montiert und verdichten als Ordnungselemente das lockere Gespinst, das bei entsprechendem Sonnenstand durch die Schattenbildung wie ein Dickicht erscheint. Diese geometrischen Elemente könnte man auf das schließlich doch »geordnete« Leben von Georg Droste beziehen. Die Katze kann man als nachtaktives, selbstständiges Tier als dem blinden Dichter verwandt betrachten. Claus Homfeld gelang mit dem *Ottjen-Alldag-Brunnen* ein konzeptionell einzigartiges Denkmal durch die feinsinnige Verknüpfung der Lebensdramatik des Dichters mit dessen literarischer Hauptfigur.

Heinrich Schmidt-Barrien verfasste einen kleinen Vers, den man an der angrenzenden Seitenwand lesen kann und der sich auf die Lebensfreude des blinden Georg Droste bezieht: *Von't ole Bremen un wo't leevt un lacht sung us de Dichtersmann ut all sien Nacht. – Vom alten Bremen und wo man liebt und lacht, sang uns der Dichter aus all seiner Nacht.*

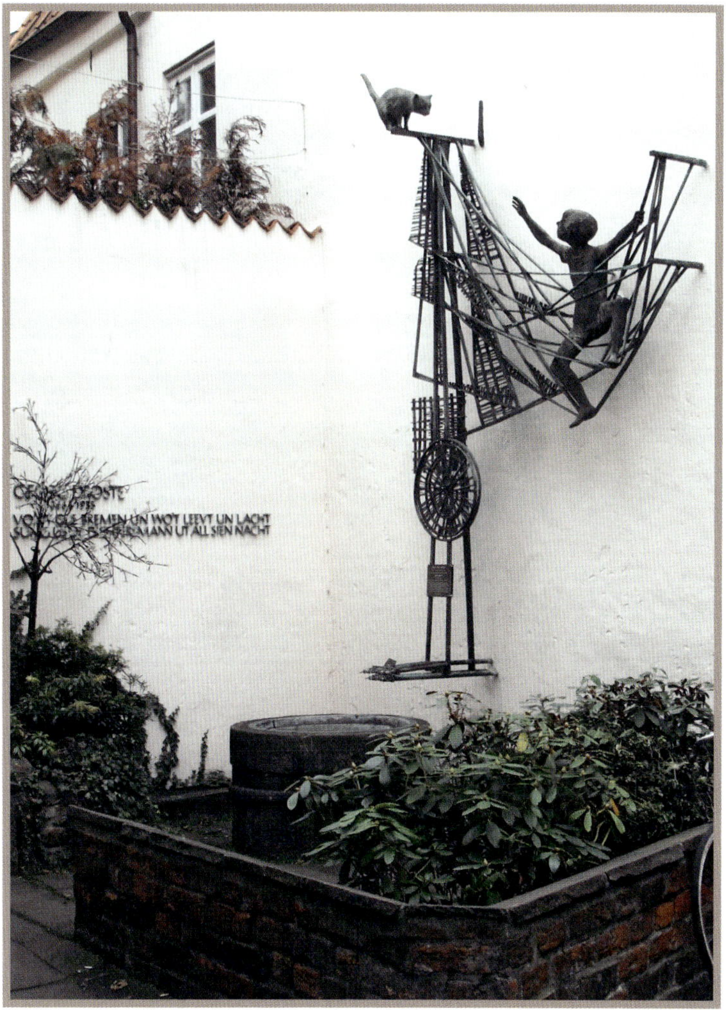

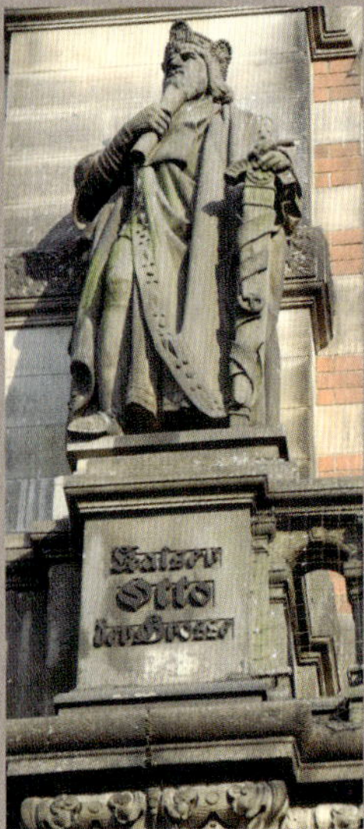

Kaiser Otto I. der Große, 23.11.912 in Wallhausen – 7.5.973 in Memleben

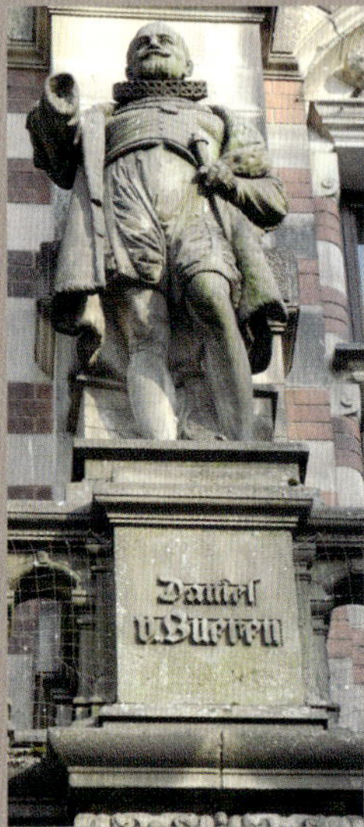

Daniel von Büren der Jüngere, 22.6.1512 in Bremen – 10.7.1593 ebenda

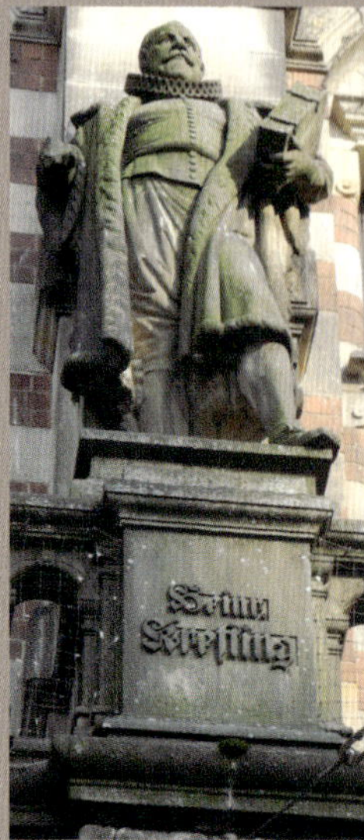

Heinrich Krefting, 5.10.1562 in Bremen – 1.8.1611 ebenda

Bürgermeister und Kaiser

32

1895

● Westfassade Gerichtsgebäude Hauptportal

Sechs Denkmäler für bedeutende Männer schmücken die Hauptfassade des Bremer Gerichtsgebäudes. Die überlebensgroßen Standbilder flankieren seit 1895 die Fenster im ersten Stockwerk. Namenstafeln an der Balustrade identifizieren die dargestellten Herren. Die beiden Kaiser und die vier Bremer Bürgermeister haben maßgeblich

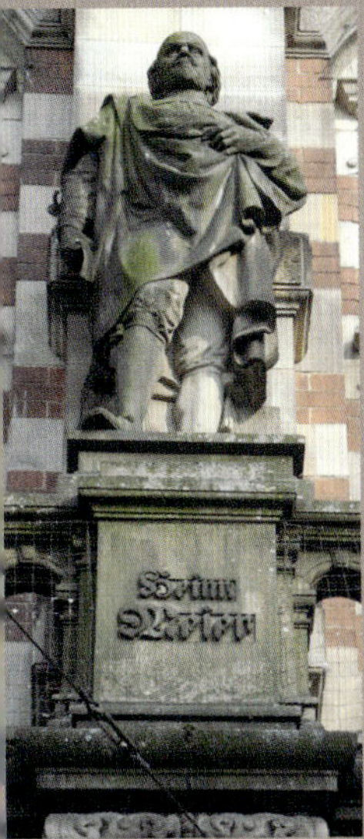

Heinrich Meier,
15.7.1609 in Bremen – 30.8.1676 ebenda

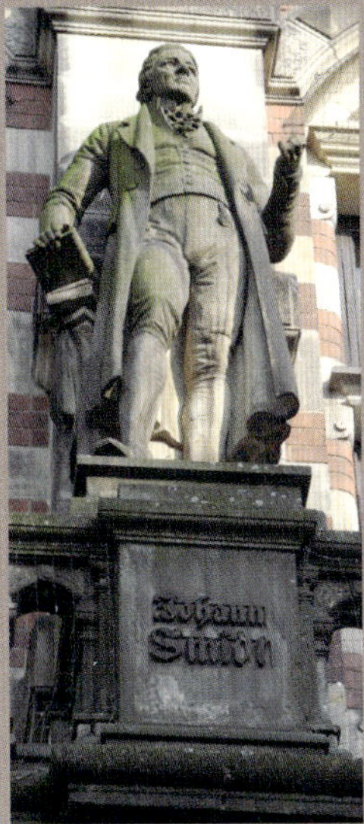

Johann Smidt,
5.11.1773 in Bremen – 7.5.1857 ebenda

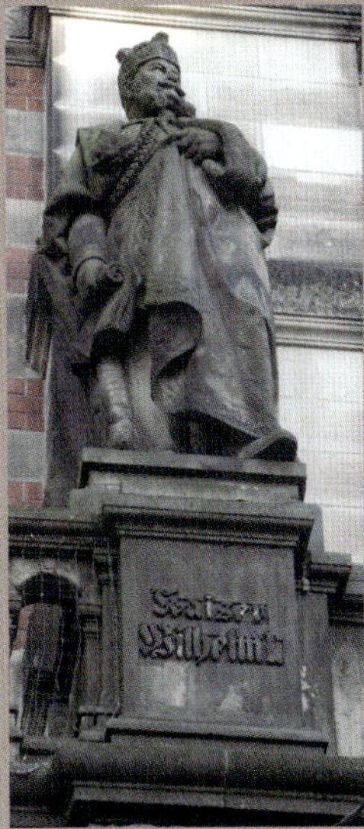

Kaiser Wilhelm I.,
22.3.1797 in Berlin – 9.3.1888 ebenda

das deutsche und das bremische Rechtswesen seit der Verleihung des Großen Marktrechts 965 bis zum Beitritt Bremens zum Deutschen Reich 1871 geprägt. Die Standbilder sind Originale und wurden 1987 restauriert. Die Denkmäler haben die Aufgabe, an die Bedeutung der sechs Männer aus juristischer und verfassungsrechtlicher Sicht zu erinnern. Das Gerichtsgebäude ist äußerst aufwendig und repräsentativ gestaltet und symbolisiert in seiner Gesamtheit die Selbstständigkeit und Bedeutung der Justiz im Staat. Bemerkenswert ist zudem, dass sich hinter den Figuren der Schwurgerichtssaal befindet, der für die Verhandlungen schwerster Verbrechen vorgesehen ist und durch seine prunkvolle Ausstattung den Angeklagten die Bedeutung des Rechts vor Augen führen soll.

Die beiden Kaiserfiguren schuf Karl Gundelach, die Bürgermeister-Statuen stammen aus der Bremer Werkstatt der Gebrüder Everding (vgl. *Jacobus Major*). Die zeitgenössische Kleidung verleiht den Körpern Volumen und damit den Personen Gewicht, allerdings kann man nur im weitesten Sinn von naturgetreuen Abbildern der Personen sprechen. Von Otto I. gibt es aus späterer Zeit idealisierte Darstellungen; lediglich von Kaiser Wilhelm I. existieren Fotos, von Daniel von Büren, Johann Krefting und Johann Smidt entstanden Abbildungen als Stich, Gemälde und Lithografie. Von Heinrich Meier ist kein Bild bekannt. Wahrscheinlich sind persönliche Vorstellungen der Bildhauer in die Darstellungen eingeflossen.

Kaiser Otto I. der Große verlieh Bremen 965 das Marktrecht. Zu dieser Zeit gab es noch keine Bürgermeister, der oberste Verwalter der Siedlung war der Erzbischof. So erhielt Adaldag die Erlaubnis, einen Markt einzurichten, dessen Einnahmen z. B. aus Zöllen von nun an nicht mehr dem königlichen bzw. kaiserlichen Fiskus, sondern dem Bistum übertragen wurden. Somit schuf Otto I. eine eindeutige Rechtslage: Der Markt unterstand dem Erzbischof. Der Handelsplatz war damals ungefähr der Bereich, den wir heute als Liebfrauenkirchhof kennen. Erst viel später, mit dem Rathausneubau von 1405–1410, entstand der heutige Marktplatz. Aus der kaum noch leserlichen Urkunde von 965 geht nicht hervor, ob sich die neue Rechtslage auf einen bereits existierenden Markt bezog oder ob erst ein neuer Markt geschaffen wurde. 1965 begründete Bremen sein 1.000-jähriges Bestehen mit der Verleihung dieses Marktrechts.

1562 setzte eine Minderheit von Ratsherrn mit ihrem Sprecher und seit 1544 Bürgermeister **Daniel von Büren** den reformierten Glauben durch. Die Ratsmehrheit verließ daraufhin Bremen. Von Büren hatte in Wittenberg und Heidelberg studiert und bereitete den Weg vom Luthertum zum Calvinismus. Ab 1585 wurde das calvinistische Bekenntnis Staatsreligion und die Stadt veränderte sich dramatisch. Besonders durch die Prädestinationslehre Johannes Calvins, die im Geldverdienen den Willen Gottes sah, entwickelte sich eine ehrgeizige, aber bescheidene Kaufmannschaft. Zwei Jahre vor seinem Tod trat der 79-jährige Jurist und Theologe von seinem Bürgermeisteramt zurück. Bereits der namensgleiche Vater (ab 1500 für 38 Jahre Bremer Bürgermeister) hatte mit dem katholischen Glauben gebrochen und den lutherischen Prediger Heinrich von Zütphen unterstützt. Seit 1863 ist die Daniel-von-Büren-Straße in der Bahnhofsvorstadt nach den beiden Bürgermeistern benannt.

Heinrich Krefting, der in Wittenberg, Jena und Heidelberg Rechtswissenschaft studiert hatte, wurde 1591 in den Bremer Rat und 1605 zum Bürgermeister gewählt. In mehreren juristischen Schriften setzte er sich für die Reform und Verbesserung, schließlich die Neugliederung des Stadtrechtes von 1433 ein. Verbesserungen des Straf- und Prozessrechts, das noch von 1303 stammte, und damit die Angleichung an die *Carolina* (Halsgerichtsordnung Karls V.) konnte er immerhin teilweise durchsetzen. Er galt als glänzender Jurist, der schon vor seiner Zeit als Bürgermeister als von den Hansestädten gewählter Syndikus (heute könnte man von einem Botschafter sprechen) diplomatisch in England und Frankreich tätig war. Mit nur 49 Jahren starb Krefting an der Pest. Seit 1860 trägt im Ostertorviertel die Kreftingstraße den Namen des Rechtswissenschaftlers und Bürgermeisters.

Die Amtszeit **Heinrich Meiers** fiel in eine der bedeutendsten und schwierigsten Epochen der bremischen Geschichte. Zwanzig Jahre nach dem Beginn des Dreißigjährigen Krieges 1638 wurde Meier Ratsherr und erlebte 1646 die Aushandlung des Linzer Diploms, jener Urkunde, die die Reichsunmittelbarkeit festschrieb und Bremen erstmals den Status einer Freien Stadt garantierte. Er beteiligte sich 1646 maßgeblich an der Ausarbeitung einer Streitschrift »zur Ehren- Freyheit und Standts Rettung« und stellte sich gegen die Schweden. Für die staatsrechtliche Entwicklung Bremens ist diese Schrift von großer Bedeutung, wollten doch die Schweden den Status Bremens nicht anerkennen. Das Landgebiet östlich der Weser bis zur Elbe stand nach dem Westfälischen Friedensvertrag 1648 als

Herzogtum Bremen unter schwedischer Herrschaft und sogar der Bremer Domshof war schwedisch. Meier war an den Verhandlungen zum Stader Vergleich vom 28. November 1654, der den ersten Bremisch-Schwedischen Krieg beendete, beteiligt und vier Tage später, am 2. Dezember, wählte ihn der Rat der Stadt zum Bürgermeister. Vermutlich beteiligte sich der Jurist auch 1666 zur Zeit des zweiten Schweden-Krieges an schriftlichen juristischen Ausfertigungen gegen die schwedische Bedrohung.

Im Gegensatz zu den drei anderen Bürgermeistern genießt **Johann Smidt** einen hohen Bekanntheitsgrad. Im Stadtbild ist sein Name durch eine Straße (1945), eine Brücke (1952) und eine Schule (1957) präsent, im Rathaus steht eine Smidt-Statue (1848, 1860) und Bremerhaven würdigt den Bürgermeister ebenfalls durch eine nach ihm benannte Straße (1864); sogar eine Kirche (1927) und ein eindrucksvolles Bronzedenkmal (1888) erinnern an ihn. Smidt hatte in Jena Theologie studiert und wurde als vielseitig gebildeter Denker und Aufsteiger 1800 zum Ratsherrn und 1821 zum Bürgermeister gewählt. Als Gesandter Bremens nahm er 1814/15 am Wiener Kongress teil und setzte sich immer wieder erfolgreich für die Unabhängigkeit Bremens ein. An der Erarbeitung der Deutschen Bundesakte für den Deutschen Bund, der das Gebiet des späteren Deutschen Reiches mit den freien Städten und dem Kaiserreich Österreich umfasste (1815–1848, 1866), war er beteiligt. Vorrausschauend betrieb er die Anlegung eines Hafens an der Geeste-Mündung an der Nordsee, das spätere Bremerhaven. 1848 beugte er sich der Revolution und erlebte die Einführung eines Wahlrechts anstelle des Einladungssystems zum Bürgerkonvent. Von 1849 bis 1852 übte er das Bürgermeisteramt nicht aus. An der zweiten Verfassung von 1854 mit der Einführung eines Acht-Klassen-Wahlrechts wirkte er mit. Smidt blieb dann bis zu seinem Tod Bürgermeister. Wegen seiner antijudaistischen Haltung wird Smidt heute auch kritisch gesehen.

Die letzte Figur in der Reihe ist ganz rechts das Denkmal für **Kaiser Wilhelm I.** Er war nach dem deutsch-französischen Krieg

1871 auf Betreiben Bismarcks in Versailles zum Kaiser ausgerufen worden und somit war das Deutsche Reich gegründet. In der Verfassung von 1871 »übte das Reich das Recht der Gesetzgebung [...] mit der Wirkung aus, dass die Reichsgesetze den Landesgesetzen vorgehen«. Die Länder und die Freien Städte brauchten die Reichsgesetze nicht in ihre Landesgesetze zu übernehmen, weil sie unmittelbar mit der Verkündung im Reichsgesetzblatt in Kraft traten. Der Kaiser repräsentierte die Rechtslage. Mit dem Kaiser-Denkmal demonstrierten die Bremer zudem ihre Zugehörigkeit als Freie Hansestadt Bremen zum Deutschen Reich.

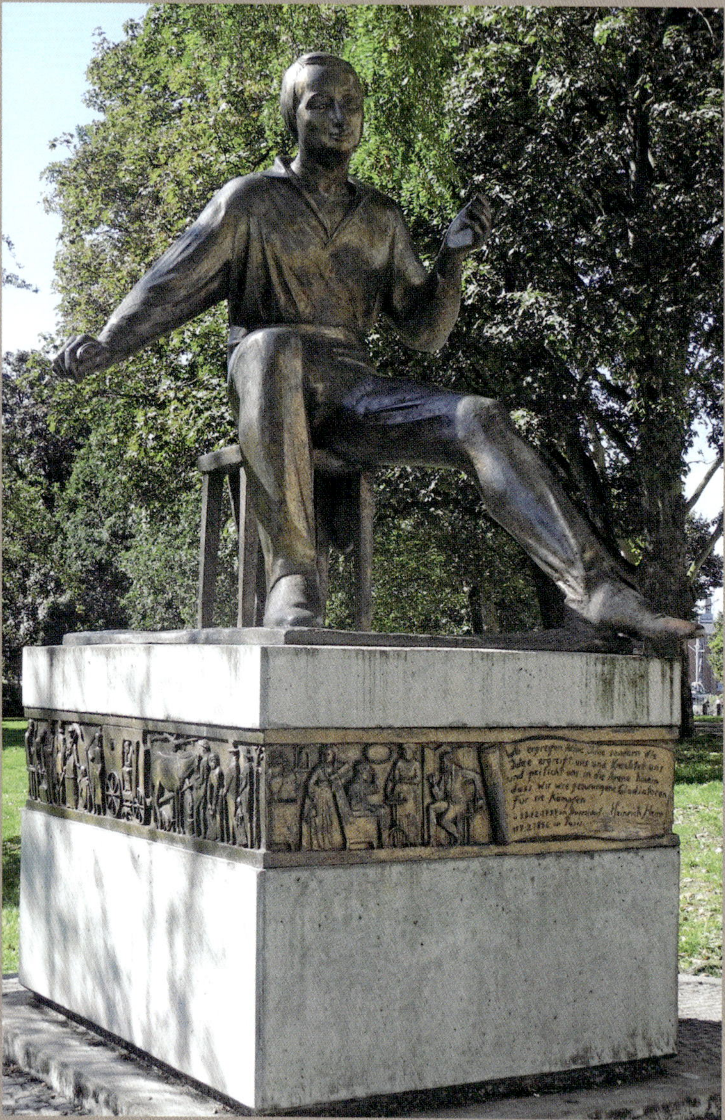

Christian Johann Heinrich Heine, 13.12.1797 in Düsseldorf als Harry Heine – 17.2.1856 in Paris

Heinrich Heine

1954, 2010

33

Wallanlagen, Nähe Kunsthalle

Nach monatelangen Diskussionen über den Standort enthüllte man am 1. Oktober 2010 in den Wallanlagen in der Nähe der Kunsthalle das Denkmal für Heinrich Heine.

Dass Bremen überhaupt ein Heine-Denkmal bekam, lag am Zwang der Zeit. Im Depot des Gerhard-Marcks-Hauses lagerte jahrelang die Gipsform für dieses Dichter-Denkmal aus dem Nachlass von Waldemar Grzimek. Bevor sie auseinanderzubröseln begann und somit für einen Guss unbrauchbar geworden wäre, sagten großzügige Spender und Mäzene die Kostenübernahme zu. Ihre Namen sind auf der Bronzeplatte am Sockel nachlesbar. Das Werk gelang und endlich löste die Stadt das Versprechen ein, das dem Bildhauer anlässlich der Verleihung des Bremer Bildhauerpreises 1984 gegeben worden war: ein Werk Grzimeks in der Stadt aufzustellen. Allerdings gab es keine Vereinbarung, um welche Skulptur es sich dabei handeln sollte.

Seither gibt es vier prinzipiell identische Denkmäler für Heinrich Heine. Das erste stellte Grzimek 1954 für eine DDR-Wohnsiedlung fertig. Auf dem Heinrich-Heine-Platz in Ludwigsfelde, einem Industrieort wenige Kilometer südöstlich von Potsdam, fand zum 100. Todestag des Dichters im Februar 1956 die Einweihung statt. Das Werk war bereits 1955 auf der Frühjahrsausstellung der Akademie der Künste in Ost-Berlin gezeigt worden und Grzimek erhielt den Auftrag des Berliner Magistrats für ein zweites Denkmal. Als unter wichtigen Kulturschaffenden ein heftiger Streit über die Gestaltung der Skulptur entbrannte, musste der Bildhauer diverse Veränderungen vornehmen. Noch im selben Jahr (1955) war diese zweite Fassung fertig, aber jetzt passte der geplante Aufstellungsort

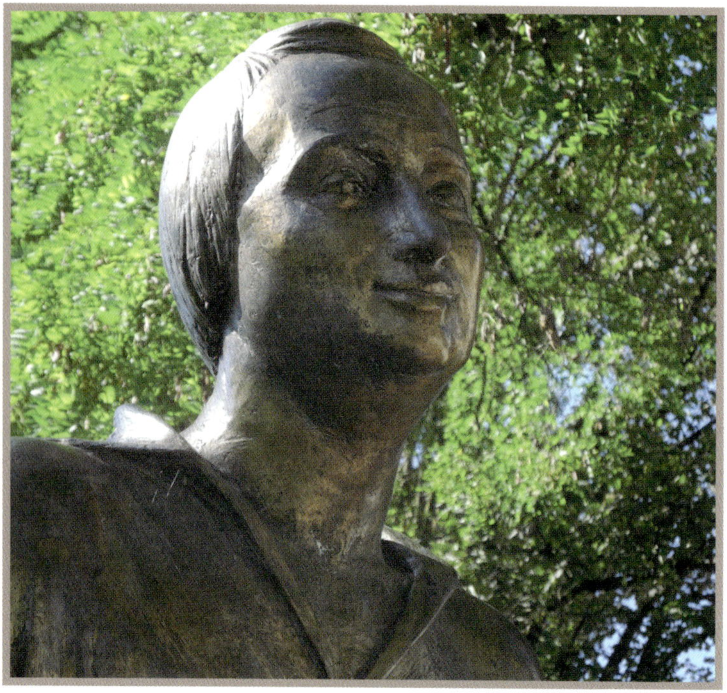

im Stadtzentrum an der Straße Unter den Linden wieder nicht. Die Enthüllung 1956 fiel aus und man stellte das Werk auf einen nicht öffentlichen Platz. 1958 brachte man das Denkmal in den Volkspark am Weinberg an der Veteranenstraße, der relativ abgelegen ist. Angeblich war der Preußenkritiker Heine nicht heldenhaft genug dargestellt worden, viel wahrscheinlicher ist jedoch, dass das Konzept des Denkmals nicht in die DDR-Ideologie passte. 1997 wollte der Berliner Kultursenator das Werk zum 200. Geburtstag Heines endlich dorthin stellen lassen, wofür es geschaffen worden war. Doch die Parkanwohner protestierten und wollten »ihren« Heine nicht hergeben. So dauerte es noch einmal fünf Jahre bis 2002, als ein Mäzen die Summe von 125.000 Euro für einen Abguss zur Verfügung stellte, rechtzeitig zum 205. Geburtstag des Dichters. Seither besitzt Berlin zwei identische Heine-Denkmäler von Waldemar Grzimek, eines im Volkspark und eines an der Ostseite der Humboldt-Universität in der Nähe der Neuen Wache Unter den Linden.

Die Bremer Dichterfigur mit Sockel ist 3,40 Meter hoch und mit einer Patina belegt, die die Bronze braungolden strahlen lässt. Die Höhe zwingt die Betrachter, zur Figur aufzuschauen. Mit auseinandergestellten Beinen sitzt Heine etwas nach vorne gebeugt auf einem Hocker, seine Armhaltung verrät noch eine engagierte Gestik. Der Mund ist geschlossen und lächelt ein wenig. Im Gegensatz zum Körper ist das Gesicht bereits entspannt. Grzimek zeigt den Dichter in dem Augenblick, als er gerade eine leidenschaftliche Rede beendet hat, und es entsteht der Eindruck, als würde der Meister des Wortes selbstzufrieden warten, wie sein Publikum gleich reagieren wird. Die festgehaltene Szene scheint sich in einem Innenraum abzuspielen, einem Salon, denn Heine trägt weder Hut noch Jacke über dem pludrigen Hemd. Grzimek stellte sich vermutlich vor, dass der Dichter gerade seine *Vorrede zum ersten Band des Salon* vorgelesen hat, aus der das Zitat auf der Sockelvorderseite stammt.

Um den würfelförmigen Betonsockel ist ein Bronzeband gelegt, das verschiedene Szenen zeigt. Auf der Vorderseite sieht man Heine im privaten Umfeld im Gespräch mit einem anderen Mann. Links sind Menschen zu Fuß unterwegs, durch Kleidung und Geräte erkennbar unterschiedlichen Ständen und Berufen zugeordnet, und in der offenen Tür eines Pferdewagens sitzt eine nachdenkliche Frau. Auf der Rückseite findet man eine revolutionäre Situation mit uniformierten Soldaten und Bajonetten, einem Verwundeten, einer Fahne und schießende Menschen. Auf der vierten Sockelseite lassen Meereswellen, Dünen und Fischernetze an ein Dorf am Meer denken. Dort sitzt ein Mann an einer Düne und schaut aufs Meer, während ein anderer in seinen Mantel gehüllt offenbar frierend davoneilt. Mit diesen Szenen kann man vorerst wenig anfangen. Setzt man sie allerdings in Bezug zu dem Zitat aus der *Vorrede* aus dem Jahr 1833, ergeben sich starke Bezüge.

Dort heißt es: *Wir ergreifen keine Idee. Die Idee ergreift uns und knechtet uns und peitscht uns in die Arena hinein, daß wir, wie gezwungene Gladiatoren für sie kämpfen.* Dieser Satz müsste der Schlüssel zum Verständnis des ganzen Denkmals sein. Grzimek hatte sich intensiv mit dem Werk des Dichters beschäftigt und arbeitete ausgerechnet dieses Zitat deutlich lesbar in den Sockel ein, hatte der Dichter doch Tausende Schriftseiten verfasst und damit ein riesiges Angebot von Texten hinterlassen. Die Auswahl kann kein Zufall sein. In der *Vorrede* beschreibt Heine seine Beobachtungen und Grzimek stellt sie teilweise szenisch dar. Der Dichter hatte Deutschland verlassen und lebte beschaulich in Le Havre. Dort begegneten ihm schwäbische Auswandererfamilien, die mit Sack und Pack – linkes Sockelrelief – unterwegs nach Algerien sind. Deutschland »ist gut, und wären gern dageblieben, aber wir konntens nicht länger aushalten«, zitiert Heine einen Migranten. Die Hilfsbereitschaft der Franzosen in der Hafenstadt – rechtes Relief – rührte ihn und gleichzeitig empfand er die fremde und seine eigene Migration als »leiblichen Verlust« und »physischen Schmerz«. Eine »schwarze Traurigkeit« überfiel ihn und er stand »am Meere und weinte«. Und immer wieder hörte Heine die Frage der armen Leute: »Sollten wir eine Revolution anfangen?« – Sockelrückseite.

Vorstellbar ist, dass die sozialistischen Machthaber und ihre Getreuen in der DDR durch das Heine-Zitat und die Relief-Bilder plötzlich aufgeschreckt wurden und dem Dichter sowie dem Bildhauer nun nicht mehr vorbehaltlos gegenüberstanden. Heines Kritik bezog sich zwar auf das Deutschland des feudalen frühen 19. Jahrhunderts, doch welche »Idee« er meinte, führte er nicht aus. Aber könnten nicht Bürger einen Transfer vom Revolutionsjahr 1830 zur sozialistischen Realität der DDR von 1955 vornehmen und gleich noch einmal, wie zwei Jahre zuvor 1953, sich gegen die DDR und ihre »Idee« erheben oder resignierend das Land verlassen; »wir konntens nicht länger aushalten«? Der Bezug von der Vergangenheit zur damaligen Gegenwart lag auf der Hand. Einzige Möglichkeit schien, sich vom Heine-Denkmal zu distanzieren und es möglichst zu verbergen, was auch geschah. Die Aktualität der Denkmalskonzeption war sicherlich gefährlich für den DDR-Staat. Mit dem Heine-Denkmal könnte Grzimek vielleicht sogar eine Warnung formuliert haben.

Heute ist es sehr schwer, das Denkmal im Gesamtzusammenhang zu sehen und zu verstehen. Grzimek selbst hat offiziell keine inhaltliche Erläuterung geäußert. Er blieb vage, er habe »den ganzen Komplex dieser differenzierten Persönlichkeit« wiedergeben wollen. Das Denkmal ist so speziell und für die DDR von 1954/56 konzipiert, dass man heute zunächst geradezu ratlos davorsteht. Denn wer hat die *Vorrede zum ersten Band des Salon* schon gelesen und sich gemerkt? Leicht erkennbar ist der Redner Heine im Salon. Doch wovon er spricht, muss man erst durch genaue Kenntnis von speziellen Textstellen in Heines Werk herausfinden.

Das Denkmal für Heinrich Heine bleibt eine Herausforderung und deshalb könnte eine erläuternde Tafel hilfreich sein. Das Zitat selbst kann zum Nachdenken und Überdenken der vielen beherrschenden Ideen in der heutigen Welt anregen, denn die Aussage des Denkmals scheint auch in der jetzigen Zeit erstaunlich aktuell.

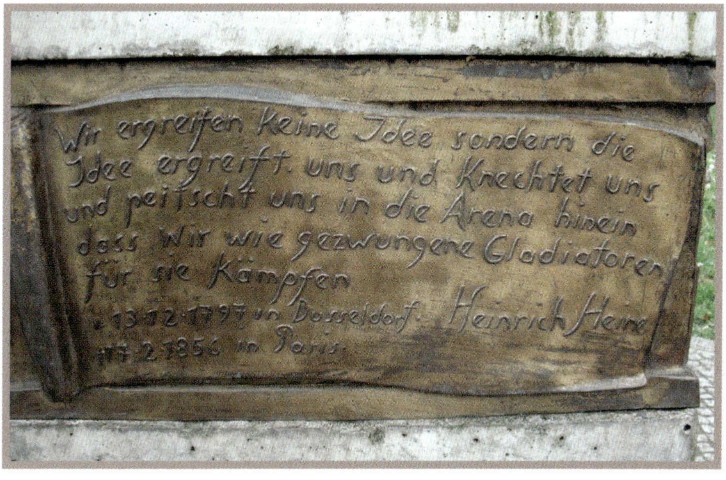

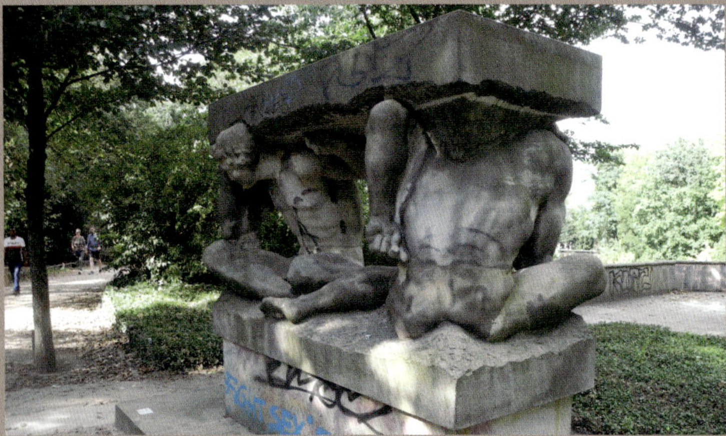

Kriegsgefangenen-denkmal

34

1934

● unterhalb der Altmannshöhe, Wallanlagen

Unterhalb der Altmannshöhe steht seit 1934 das *Denkmal für die in Kriegsgefangenschaft gestorbenen Soldaten des Ersten Weltkriegs*. Ursprünglich wurde es als »Ehrenmal« geschaffen. Der Bildhauer Herbert Kubica zwängt zwei zusammengekauerte Männerfiguren zwischen zwei Steinplatten, die die Unentrinnbarkeit und Last der Gefangenschaft eindrucksvoll demonstrieren. Die Figuren sind Akte muskulöser Männer, deren Kraft ungebrochen ist. Sie scheinen gewillt, ihr Schicksal zu ertragen, ohne die Hoffnung auf Befreiung aufzugeben. Die Köpfe der beiden haben die Enge schon überwunden und die Gefangenen versuchen, die drückende Platte zur Seite zu schieben. Doch sie können ihrer Zwangslage und schließlich dem Tod nicht entkommen.

Die Schwierigkeit im Umgang mit Denkmälern und Kunstwerken, die von den Nationalsozialisten beauftragt wurden, zeigt sich in dieser Arbeit deutlich. Die Nazis idealisierten und missbrauchten die Gefangenen des Ersten Weltkriegs für ihre Propaganda, indem sie die Männer gleichzeitig zu Helden und Opfern glorifizierten. Ideologisch bereiteten die Nazis die Bevölkerung damit bereits auf den nächsten Krieg vor. Andererseits kann man die Kriegsgefangenen selbstverständlich als Opfer sehen. Die jungen Männer waren mit völlig falschen Begründungen und verheerenden Ideologien in den Krieg geschickt worden, viele glaubten an ein großes Abenteuer, dessen katastrophalen Ausgang sie erst zu spät begriffen.

Es spricht für den Bremer Senat, dass er dieses Denkmal nach dem Zweiten Weltkrieg nicht stürzte, sondern 1951 durch eine Inschrift ergänzte, die auch an die Kriegsgefangenen des Zweiten Weltkriegs erinnert. Damals befanden sich noch Tausende in sowjetischer Gefangenschaft. Auf der Vorderseite des Sockels steht: *153.284 Deutsche Frontsoldaten starben in der Kriegsgefangenschaft für ihr Vaterland 1914–1920 – Weltkrieg 1939–1945. Dem Andenken an das schwere Los unserer Kriegsgefangenen in aller Welt.* Auch die Rückseite trägt eine Inschrift: *Ein Kampf härter und bitterer als jeder andere ist die Gefangenschaft gewesen. Elsa Brändström.*

Elsa Brändström, von der dieses Zitat stammt, arbeitete als freiwillige Krankenschwester im Ersten Weltkrieg bei der russischen Armee. Ab 1915 versorgte sie für das Rote Kreuz besonders deutsche und österreichische Kriegsgefangene in den sibirischen Lagern und konnte auch Verbesserungen durchsetzen. An sie erinnert das Denkmal ebenfalls durch diese Inschrift.

Gerade dieses Monument provoziert ein Nachdenken in viele Richtungen und erfüllt somit seine Funktion vortrefflich. Leider scheint die Bedeutung des Denkmals vielen nicht bewusst zu sein; es ist beschädigt und zudem immer wieder übel beschmiert. Die Aussage des Denkmals und seine künstlerische Umsetzung haben mehr Beachtung und Pflege verdient!

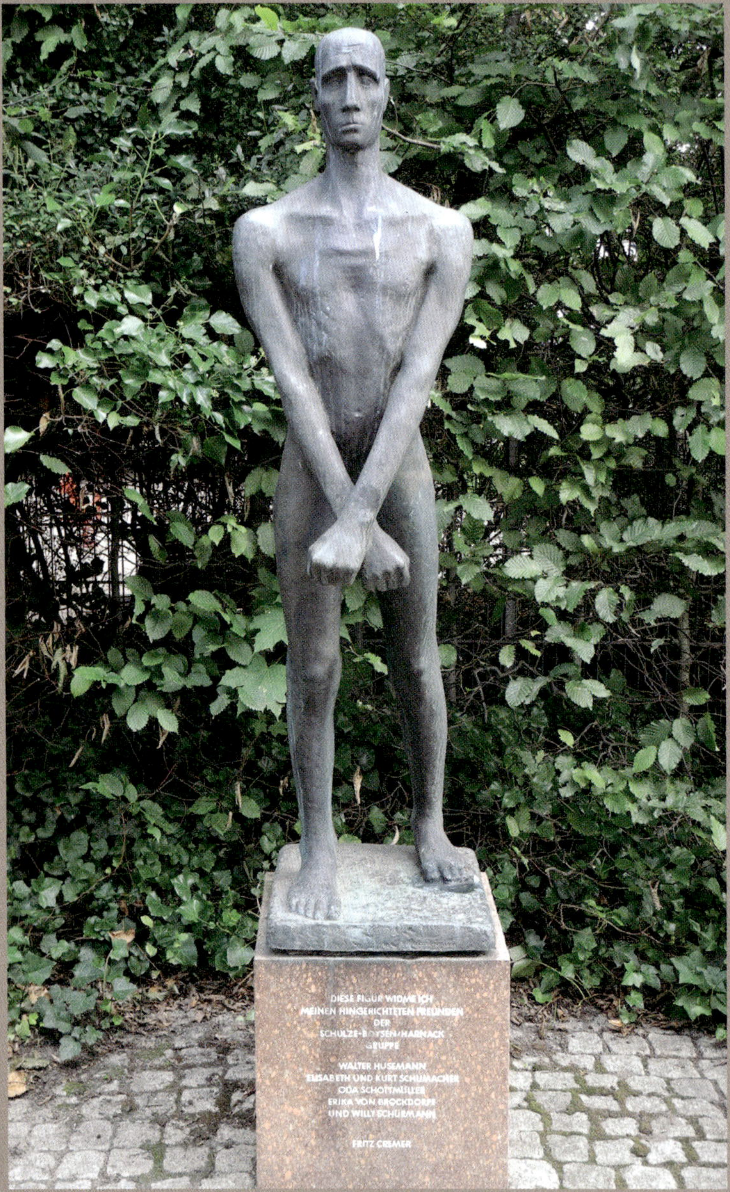
DIESE FIGUR WIDME ICH
MEINEN HINGERICHTETEN FREUNDEN
DER
SCHULZE-BOYSEN/HARNACK
GRUPPE
WALTER HUSEMANN
ELISABETH UND KURT SCHUMACHER
ODA SCHOTTMÜLLER
ERIKA VON BROCKDORFF
UND WILLY SCHÜRMANN
FRITZ CREMER

Freiheitskämpfer

1984

35

- Hof Wilhelm-Wagenfeld-Haus, ehem. Ostertorwache

Mildred Harnack, geb. Fish, 16.9.1902 in Milwaukee–16.2.1943 in Berlin
Arvid Harnack, 24.5.1901 in Darmstadt–22.12.1942 in Berlin
Harro Schulze-Boysen, 2.9.1909 in Kiel–22.12.1942 in Berlin
Libertas Schulze-Boysen, geb. Haas-Heye, 20.11.1913 in Paris–22.12.1942 in Berlin
Walter Husemann, 2.12.1909 in Ellerbek–13.5.1943 in Berlin
Elisabeth Schumacher, geb. Hohenemser, 28.4.1904 in Darmstadt–22.12.1942 in Berlin
Kurt Schumacher, 6.5.1905 in Stuttgart–22.12.1942 in Berlin
Erika Gräfin von Brockdorff, geb. Schönfeldt, 29.4.1911 in Kolberg–13.5.1943 in Berlin
Willy Schürmann, 21.6.1900 in Köln–9.9.1943 in Berlin

Das Gefängnis in der Ostertorwache war noch in Betrieb, als man 1984 das Denkmal *Freiheitskämpfer* von Fritz Cremer aufstellte. Cremer erhielt 1983 den Bremer Bildhauerpreis, der mit der Aufstellung eines Werkes verbunden ist. Eine nackte Männerfigur steht mit gekreuzten Händen auf einem rötlichen Betonsockel. Die Inschrift nennt die Namen von Freundinnen und Freunden Cremers im Widerstand, die von den Nationalsozialisten hingerichtet wurden.

Der Standort schien passend, da in diesem Gefängnis, das 1828 als »Detentionshaus« (vom französischen »détention«: »Haft«) errichtet wurde, während des Nationalsozialismus neben Juden auch missliebige Personen und vermeintliche Regimegegner und -gegnerinnen unter menschenunwürdigen Bedingungen inhaftiert waren. 1984 saßen hier vor allem Menschen in Abschiebehaft, zur Ausnüchterung oder zur Feststellung ihrer Personalien ein. 1995 löste man das

Untersuchungsgefängnis auf. Seit 1998 hat die gleichnamige Stiftung ihren Sitz im Wilhelm Wagenfeld Haus, ein erhaltener Zellentrakt erinnert an die Geschichte des Gefängnisses.

Obwohl die Skulptur auch als Denkmal für die ermordeten Widerstandskämpferinnen geschaffen wurde, entschied sich Cremer für eine Männerfigur. Die Gestalt ist lebensgroß und steht trotzig aufrecht. Durch das leicht zurückgestellte linke Bein wird noch der letzte Schritt angedeutet, den der Mann getan hat. Der Körper ist mager, der schmale Kopf ist kahl, jeder Schutz ist genommen. Im Gesicht ist ablesbar, dass der Mann sein bevorstehendes Schicksal ahnt. Die gekreuzten Hände verdecken das Geschlecht als Zeichen der Menschenwürde. Obwohl (noch) keine Fesseln angelegt sind, ist dem Mann die Freiheit genommen. Dennoch steht er ungebeugt und unbeugsam.

Fritz Cremer, nach dem Krieg Professor an der Akademie für angewandte Kunst in Wien und seit 1950 Leiter des Meisterateliers an der Deutschen Akademie der Künste in Ost-Berlin, schuf viele Denkmäler und Mahnmale, die an die Opfer des Nationalsozialismus erinnern. Durch die namentliche Nennung der Hingerichteten erinnert Cremer an Individuen: Mit der »Schulze-Boysen/Harnack-Gruppe« meinte er **Mildred Harnack**, die mit ihrem Mann Arvid 1929 die USA verließ. In Deutschland war sie Stipendiatin des Deutschen akademischen Austauschdienstes und arbeitete seit 1931 an der Universität zu Berlin als Lektorin für amerikanische Literaturgeschichte. 1941 promovierte sie in Gießen, wurde aber am 7. September 1942 mit ihrem Mann verhaftet. Sie gehörte zum Kern des Widerstandsnetzes, stellte Informationen für Gleichgesinnte zusammen und knüpfte Kontakte zu Oppositionellen. Ursprünglich zu sechs Jahren Zuchthaus verurteilt, wurde sie am 16. Februar 1943 hingerichtet.

Der promovierte Jurist **Arvid Harnack** baute seit 1933 Schulungszirkel über die politischen und ökonomischen Zusammenhänge des NS-Regimes als Vorbereitung für die Zeit nach dessen Sturz auf. Seit 1935 arbeitete er im Amerika-Referat des Wirtschaftsministeriums, wurde 1937 Mitglied der NSDAP und stieg zum Regierungsrat auf.

Über Beziehungen seiner Frau zur US-amerikanischen Botschaft übermittelte er Informationen zur Situation in Deutschland und warnte vor der Gefährlichkeit Hitlers. Seit 1940 unterhielt er Kontakte zur Gruppe um Harro Schulze-Boysen, mit dem er auch die sowjetische Botschaft über den geplanten Angriff auf die Sowjetunion informierte. Am 22. Dezember 1942 wurde das Todesurteil vollstreckt.

Harro Schulze-Boysen, Luftwaffenoffizier und Publizist, hatte sich schon lange mit Alternativen zum Kapitalismus beschäftigt. Er hatte Kontakte zu verschiedenen NS-Gegnern und beteiligte sich an Informationsaktionen des Widerstands. Ein dechiffrierter Funkspruch enttarnte ihn, am 31. August 1942 wurde er verhaftet und am 22. Dezember 1942 hingerichtet. Am gleichen Abend wurde auch seine Frau **Libertas** ermordet. Am 8. September war sie verhaftet worden. Sie hatte im Reichspropagandaministerium ab 1941 Bildmaterial über deutsche Kriegsverbrechen an der Ostfront gesammelt und Kontakte zu anderen Menschen im Widerstand hergestellt.

Der Werkzeugmacher **Walter Husemann** war Mitglied der KPD und seit 1929 Leiter der Jugendorganisation des Kampfbundes gegen den Faschismus. Bis 1933 arbeitete er als Redakteur bei kommunistischen Zeitungen. Wegen seiner Kontakte zum Widerstand wurde er 1936/37 zwei Jahre lang in den Konzentrationslagern Sachsenhausen und Buchenwald inhaftiert. 1938 kam er durch seine Frau Marta zum Widerstand um Schulze-Boysen und lieferte dem sowjetischen Geheimdienst Informationen. Am 19. September 1942 wurde er wegen Spionage verhaftet und am 13. Mai 1943 hingerichtet. Seine Frau überlebte durch die Befreiung des Frauengefängnisses Leipzig 1945.

Das Künstlerpaar **Elisabeth und Kurt Schumacher** gehörte zum Widerstandskreis um Harro Schulze-Boysen. Elisabeth kopierte und verkleinerte illegale Schriften, half bei deren Verbreitung und dokumentierte NS-Verbrechen. Als Funker plante Kurt die Aufrechterhaltung des Kontakts mit der Sowjetunion im Kriegsfall und nahm einen Agenten auf. Auch diese beiden enttarnte man durch den entschlüsselten Funkspruch und verhaftete sie am 12. September 1942.

Wegen Vorbereitung zum Hochverrat und Landesverrat wurde das Todesurteil am 22. Dezember 1942 vollstreckt.

Erika von Brockdorff kam über ihren Ehemann in den Widerstandskreis um Wilhelm Schürmann-Horster und erlaubte, dass ein Funkgerät bei ihr untergestellt wurde. Sie nahm den Fallschirmspringer Albert Hößler bei sich auf und unterstützte seine Funkversuche. Sie wurde am 16. September 1942 verhaftet und zu einer zehnjährigen Zuchthausstrafe verurteilt, nach einem erneuten Verfahren aber am 13. Mai 1943 hingerichtet.

Wilhelm Schürmann, der sich Schürmann-Horster nannte und damit seine Solidarität mit einem Mitangeklagten, der während eines Prozesses gegen 70 Kommunisten 1935 Selbstmord begangen hatte, ausdrückte, hatte als Intellektueller und erfolgreicher Schauspieler politisch-revolutionäre Themen auf die Bühnen gebracht und Theatergruppen gegründet. Als Wortführer eines Diskussionskreises, der die politischen Vorgänge diskutierte, stand auch er in Verbindung mit Schulze-Boysen. 1942 erfuhr die Gestapo durch ein Flugblatt von der Gruppe, Schürmann-Horster wurde am 29. Oktober verhaftet und am 9. September 1943 hingerichtet.

Der Künstler Fritz Cremer stand selbst in engem Kontakt zur Widerstandsgruppe, die die Nazis »Rote Kapelle« nannten. Der Wehrdienst als Flaksoldat auf Kreta von 1940 bis 1944 und die anschließende Gefangenschaft in Jugoslawien bewahrten ihn vor dem gleichen tragischen Schicksal seiner Freunde, Freundinnen und Bekannten. Auch Cremers Frau, die österreichische Tänzerin Hanna Berger, gehörte zur Gruppe, konnte aber 1944 aus der Haft fliehen.

Cremer schuf ein Denkmal, das er konkret den genannten Menschen widmete. Sicherlich hat er über seine Kunst einen Weg gefunden, seine Erschütterung auszudrücken und die Ungeheuerlichkeit zu verarbeiten. Sein Denkmal soll mithelfen, diese Menschen vor dem Vergessen zu bewahren. Mehr konnte er nicht für sie tun.

Die Angaben, dass es sich um einen »Nachguss der Skulptur von 1947« oder einen »Nachguss seines Kunstwerkes, das in Berlin steht«, handelt oder dass er »[...] die Plastik bereits 1947« schuf, scheinen falsch zu sein. Cremer gestaltete im Auftrag des Magistrats der Stadt Wien zusammen mit den Architekten eine Gedenkanlage auf dem Wiener Zentralfriedhof mit der Mauer-Inschrift *Den Opfern für ein freies Österreich 1934–1945*, die 1948 eingeweiht wurde. Die beiden Frauenfiguren aus hellem Stein symbolisieren die Anklage gegen den Faschismus und die Trauer um die Opfer. Die Männerfigur stellt den Kampf um die Freiheit dar. Diese Bronzeskulptur wird kurz *Freiheitskämpfer* genannt und ist dem Bremer *Freiheitskämpfer* zwar ähnlich, aber in Form und Aussage grundsätzlich verschieden. Die Wiener Figur ist kräftiger, sie steht breitbeinig, mit hängenden Armen und den Händen zu Fäusten geballt, mit entschlossenem Gesichtsausdruck auf einem Sockel ohne Inschrift.

Das Denkmal in Berlin mit dem Titel *Freiheitskämpfer* besteht aus vier Personen an einer Stele. Die vordere Männerfigur ist mit gekreuzten Händen, gefesselten Füßen und mit gesenktem Kopf dargestellt. Diese Arbeit stammt aber nicht von Cremer, sondern von Gerhard Thieme, einem Meisterschüler von Cremer, aus dem Jahr 1981. Die gekreuzten Hände könnten Cremer allerdings inspiriert haben. Es scheint somit so zu sein, dass es sich bei dem Bremer Denkmal um eine neue Skulptur von Cremer handelt, die er als Mischform aus Wien und Berlin entwickelte und somit eigens für Bremen kreierte. Mit der Widmung im Sockel stellte er erstmalig den konkreten Bezug zur Widerstandsgruppe her. Im Skulpturenpark Unser Lieben Frauen in Magdeburg gibt es auch einen *Freiheitskämpfer* von Fritz Cremer, genau wie in Bremen, der sogar auf das Jahr 1947 datiert wird. Der Kurator Uwe Gellner versichert aber, dass dies ein Nachguss von 1988/89 ist. Das würde bedeuten, dass es ein Nachguss der Bremer Figur sein muss. Dieser *Freiheitskämpfer* steht in Madgeburg neben vielen anderen Skulpturen, ist aber nicht durch eine Inschrift als Denkmal namentlich genannten NS-Widerstandskämpfern gewidmet. Ob es noch andere Güsse des Bremer *Freiheitskämpfers* gibt, ist nicht bekannt.

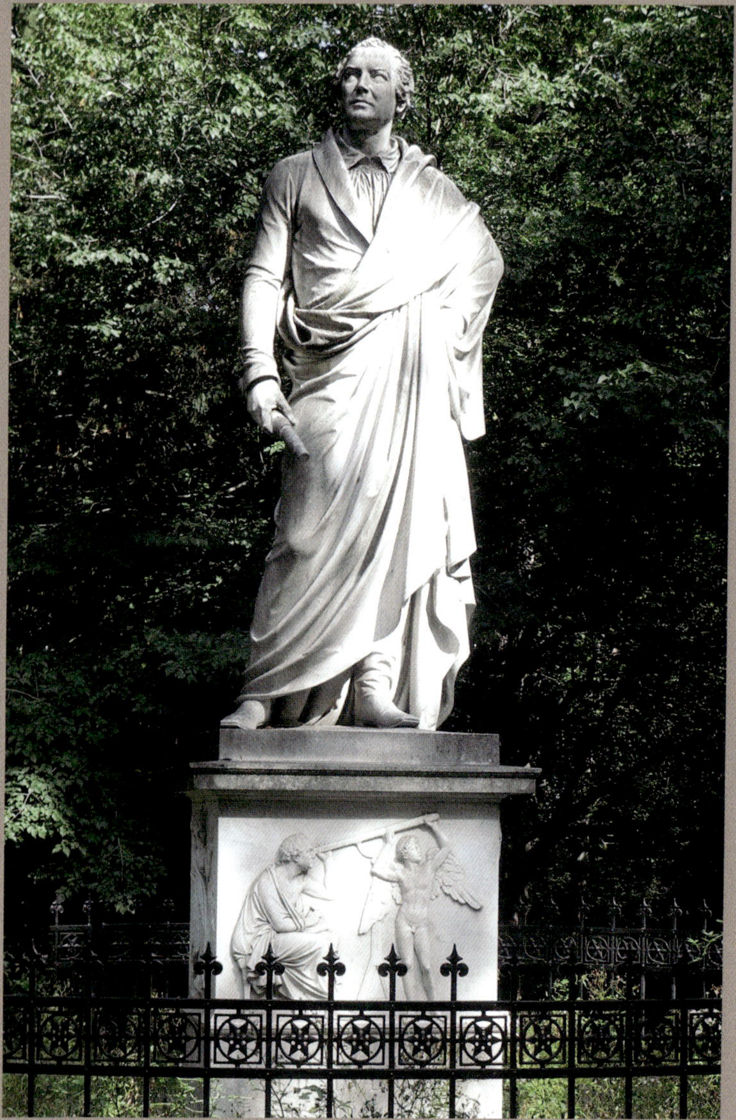

Heinrich Wilhelm Matthias Olbers, 11.10.1758 in Arbergen bei Bremen – 2.3.1840 in Bremen

Olbers-Denkmal

1848/1850

36

Wallanlagen gegenüber dem Polizeihaus

Seit 1850 steht das Denkmal für den Bremer Wissenschaftler Wilhelm Olbers auf der ehemaligen Junkernbastion in den Wallanlagen. Den Beschluss dafür fasste bereits vier Jahre nach Olbers' Tod 1844 ein eigens gegründeter Verein, und ein beauftragtes Komitee erteilte dem Bildhauer Carl Steinhäuser 1845 den Auftrag zur Schaffung der Marmorfigur. Zum Jahresende 1848 war das repräsentative 2,85 Meter hohe Standbild fertig. Mit dem 2,10 Meter hohen mehrstufigen Sockel erhielt das Denkmal die gewünschte Präsenz. Am 11. Oktober 1850, am Geburtstag des Wissenschaftlers, erfolgte die feierliche Einweihung mit Festreden und Lobgesängen.

Das Denkmal erfüllt alle Kriterien, die man sich wünschen kann: Das Gesicht ist ein naturnahes Porträt und durch eine gut lesbare Beschriftung ist der Dargestellte identifizierbar, seine Leistungen werden durch entsprechende Attribute beschrieben, der hohe Sockel unterstreicht die Außergewöhnlichkeit und Vorbildlichkeit Wilhelm Olbers'. Die künstlerische Gestaltung zeugt zudem von Ideenreichtum und Niveau; der Aufstellungsort ist attraktiv und wird durch das Denkmal sogar bereichert.

Das Standbild wurde so platziert, dass man das damals strahlende Weiß des Carrara-Marmors schon von Weitem sehen konnte. Es ist so ausgerichtet, dass Olbers zu den einst auf der Straße Am Wall flanierenden Personen blickt, damit so etwas wie eine Begegnung mit ihm stattfindet. Denn Wilhelm Olbers war nicht nur berühmt, sondern ein über die Stadtgrenzen hinaus bedeutender Bremer, der Wissenschaft und Forschung bereicherte und deshalb als Vorbild dienen sollte. Carl Steinhäuser kleidete die Figur im Stil der Zeit klassizistisch. Sie trägt zwar einen zeitgenössischen Anzug, darüber aber umhüllt eine faltenreich drapierte Stoffbahn, die wie eine römische Toga aussieht, den Körper. Damit ist das Denkmal eine fein durchdachte Inszenierung und vermittelt durch die Gewandung die Ideologie eines politischen Systems. Die römische Republik (500–27 v. Chr.) mit ihrem Wahlsystem wurde von bürgerlichen politischen Reformern des 19. Jahrhunderts als vorbildlich angesehen. In römisch tradierter Kunst, Architektur und Titeln machte man diese Auffassung sichtbar, bis heute erkennbar in tempelähnlichen, weißen Gebäuden und Senatoren-Titeln in Europa und den Vereinigten Staaten von Amerika.

So verkörpert das *Olbers-Denkmal* auf der einen Seite die republikanische Gesinnung und den Bürgerstolz der Bremer. Auf der anderen Seite beschreibt Steinhäuser die Persönlichkeit und die wissenschaftliche Bedeutung von Wilhelm Olbers: Der Blick des Astronomen ist leicht nach oben gerichtet, in der rechten Hand hält er sein Fernrohr und der linke Arm ist selbstbewusst in die Taille gestemmt. Auf dem vorderen Sockelrelief stützt ein geflügelter Genius (ein römischer Schutzgeist) das Fernrohr des Astronomen. Die Seitenbilder erinnern mittels Allegorien an seine Entdeckung der Planetoiden Ceres, Pallas und Vesta. Auf der Rückseite hilft der Arzt Olbers einem Genesenen von seinem Krankenlager auf, wieder als Szene aus der Römerzeit dargestellt.

Der Pfarrersohn Wilhelm Olbers hatte nach dem Besuch des Gymnasiums im ehemaligen Katharinenkloster an der Sögestraße Astronomie und Medizin in Göttingen studiert. In seinem Wohnhaus an der Sandstraße in Bremen erforschte er mit seiner Sternwarte das kosmische Geschehen – eine Tafel am Gebäude erinnert darin. Er verkehrte mit den bedeutendsten und herausragendsten Astronomen und Wissenschaftlern seiner Zeit, besonders engen Kontakt hatte er mit Johann Hieronymus Schroeter, dem Präsidenten der Astronomischen Gesellschaft, mit dem Mathematiker Carl Friedrich Gauß und mit dem jungen Friedrich Wilhelm Bessel (vgl. *Bessel-Ei*). In seiner Heimatstadt erwarb Olbers in der Gesellschaft

Museum, die die neuesten technischen Errungenschaften und naturwissenschaftlichen Erkenntnisse diskutierte, hohes Ansehen. Er veröffentlichte 1797 seine *Abhandlung über die leichteste und bequemste Methode, die Bahn eines Cometen zu berechnen* und im gleichen Jahr wählte ihn die älteste naturwissenschaftlich-medizinische Gelehrtengesellschaft Leopoldina zum Mitglied. Als führender Wissenschaftler Bremens wurde er 1812 während der »Franzosenzeit« (1810–1813) von Napoleon I. als Vertreter der Stadt in die gesetzgebende Körperschaft aufgenommen und war einige Male in Paris. Mit dem »Olbers-Paradoxon« erläuterte der Astronom 1823 den Widerspruch der nächtlichen Dunkelheit trotz unzähliger Sonnen im Weltall.

Das Denkmal für Wilhelm Olbers ist in Bremen das erste öffentlich aufgestellte Denkmal für eine konkrete Person seit dem Mittelalter. Olbers ist als achtenswerter Bürger inszeniert, der durch sein Wissen und seine Leistung brillierte und deshalb Respekt verdient. Das Denkmal entstand in einer Zeit, in der in den aufgeklärten Ländern das Bürgertum seinen Machtanspruch artikulierte, aufgrund von Leistung und nicht durch Tradition und Geburt. Der sichtbare Ausdruck dieses neuen Selbstbewusstseins drückt sich auch in der Aufstellung von Denkmälern für unterschiedliche Leistungsträger aus, für Politiker, Unternehmer und Wissenschaftler – für Bürger.

Wilhelm Olbers wurde auf dem Riensberger Friedhof beigesetzt. 1920 wurde das Olbers-Planetarium nach ihm benannt.

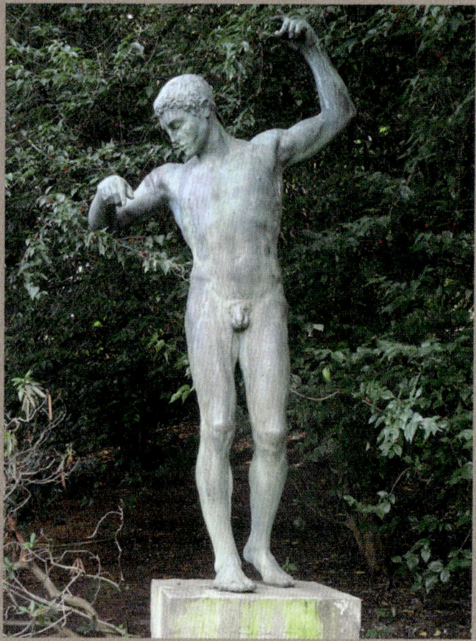

Sterbender Jüngling

37

1936, 1955

- Wallanlagen zwischen Ostertor und Bischofsnadel

Am 11. Oktober 1936 fand am Schoppensteel neben dem Chor der Liebfrauenkirche die Einweihung des Standbilds *Sterbender Jüngling* von Herbert Kubica statt. Die Bronze war das Denkmal für die am 4. Februar 1919 gefallenen 24 Soldaten des Freicorps Caspari und der Division Gerstenberg, die die Bremer Räterepublik niedergeschlagen hatten. Der *Jüngling* ist somit kein Denkmal für einen konkreten jungen Mann, sondern für eine Gruppe von Soldaten mit dem gleichen Schicksal.

Die nationalsozialistischen Machthaber hatten im Juni 1934 einen Wettbewerb ausgeschrieben, den Kubica mit seinem Entwurf *Sterbender Jüngling* gewann. (Bei einem ersten Wettbewerb im November 1933 wurden zwar unter den 27 eingereichten Entwürfen ein 1., 2. und 3. Preis ausgelobt, doch keiner schien tatsächlich zu überzeugen.) Kubica schuf eine wohlgestaltete Männerfigur mit gesenktem Haupt, geschlossenen Lidern und einem Lorbeerkranz in der erhobenen Hand, der gleichermaßen an den Tod und an den Sieg der Soldaten erinnern sollte. Im originalen Sockel waren die Namen der Gefallenen eingeschrieben. Den Krieg überdauerte das Standbild in einem Bunker. 1955 fand man einen neuen Aufstellungsort in den Wallanlagen, entfernte aber den Lorbeerkranz und erneuerte den Sockel, jetzt ohne die Namen. Seit 1989 steht neben dem *Jüngling* das *Lidice-Denkmal* von Jürgen Waller, eine Installation, die an die Zerstörung des böhmischen Dorfes Lidice in der Tschechoslowakei als Rache für die Ermordung des »Reichsprotektors von Böhmen und Mähren« Heydrich 1942 erinnert. Durch diese Ergänzung und die Veränderung ist die ursprüngliche Aussage des *Sterbenden Jünglings* neu formuliert worden.

Die Gestaltung des *Jünglings* entsprach der nationalsozialistischen Kunstauffassung: ein schöner Körper, naturalistisch proportioniert, klassizistisch tradiert. Zudem legte Kubica durch den schwebenden Eindruck, den die abgewinkelten, erhobenen Arme und das leicht gebeugte Spielbein erzeugen, ein unübersehbares Pathos in die Figur, das man durchaus akzeptieren kann, handelt es sich doch um ein Denkmal für Gefallene. Der Körper scheint sich bereits loszulösen und mit letzter Kraft wird noch am Siegessymbol festgehalten. Die Skulptur ist durchaus überzeugend. Das Problem ist allerdings die Intention der Auftraggeber. Die Nationalsozialisten wollten entsprechend ihrer Parteipropaganda Männer ehren, die bereit waren und in Zukunft sein würden, ihr Leben im Kampf gegen (angeblich) sozialistische und kommunistische Ideen zu opfern. Insofern fand man 1955 durch die Verlegung und die Anpassungen eine akzeptable Lösung, ohne das Denkmal stürzen zu müssen.

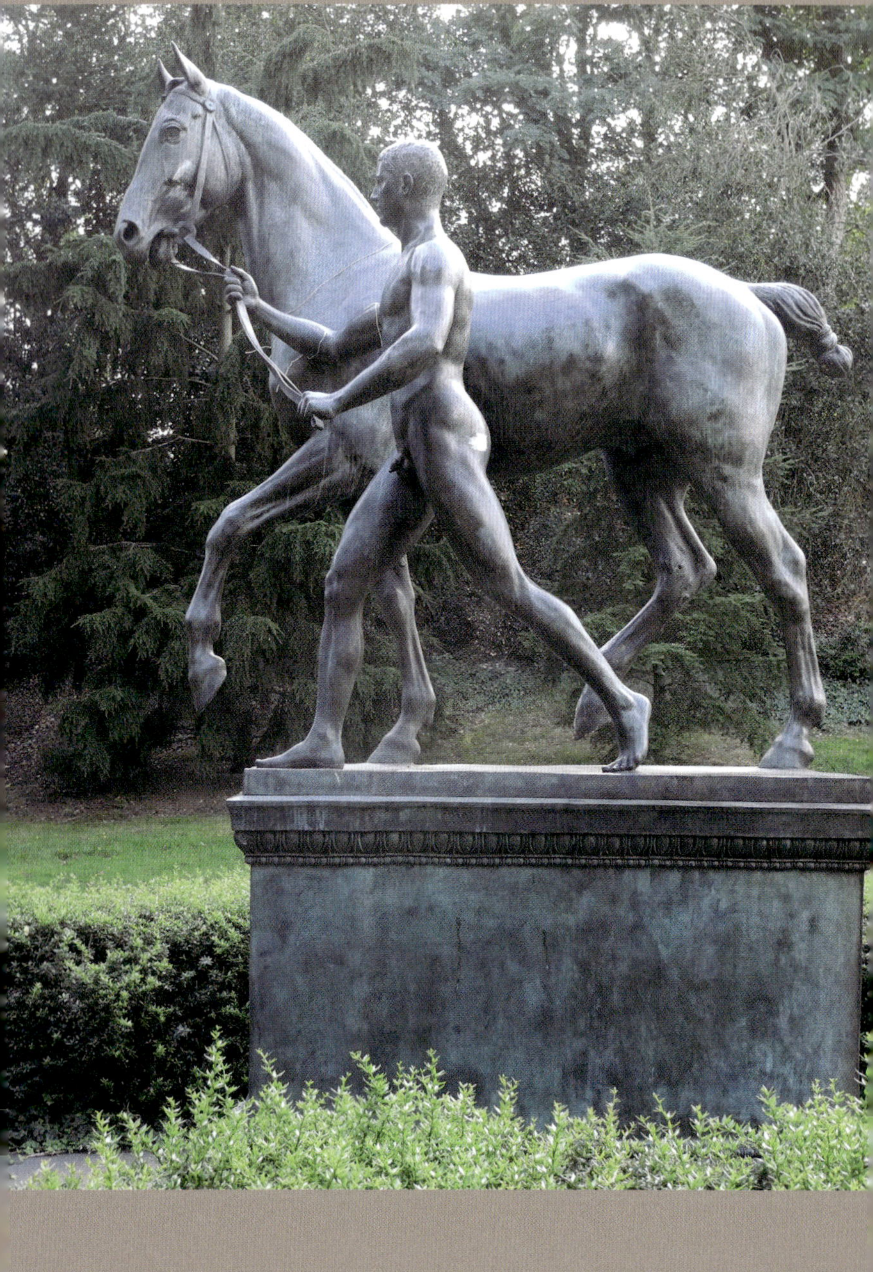

Der Rosselenker

1901/02

38

● Wallanlagen, Nähe Bischofsnadel

1901 schenkte der Bremer Kaufmann Franz Schütte seiner Heimatstadt den *Rosselenker* von Louis Tuaillon. Den Aufstellungsort in den Wallanlagen hatte der Bildhauer selbst vorgeschlagen, nachdem der ursprünglich vorgesehene Platz auf dem kleinen Wiesenstück an der Hermann-Böse-Straße als ungeeignet verworfen worden war.

Tuaillon stellte den Menschen in den Mittelpunkt ohne zeitbezogene Aussage: Eine sehr wohlgestaltete nackte Männerfigur führt mit flottem Schritt ein schönes Pferd am Zügel. Die beiden Bronzefiguren stehen auf einem aufwendig profilierten Bronzesockel, der zum Schutz der Doppelskulptur von einer rund geschnittenen Hecke umschlossen ist. Durch die Harmonie der Körper und der Bewegungen vermittelt das Werk eine ideale, höchst ästhetische Gemeinschaft von Tier und Mensch.

Weder der Künstler noch der Mäzen verfolgten mit der Aufstellung ein bestimmtes Ziel. Der *Rosselenker* sollte an niemanden und nichts erinnern oder appellieren. Die »funktionslose Freiplastik« braucht keinen Grund für die Schaffung des Kunstwerks und seine Aufstellung. Deshalb ist der *Rosselenker* kein Denkmal im eigentlichen Sinn (vgl. auch *Mann mit Vogel*). Da es sich um eine Figur mit einer speziellen Tätigkeit handelt, wird sie dennoch vorgestellt – auch zur Verdeutlichung des eigentlichen Kerns von Denkmälern. Der *Rosselenker* ist ein Schmuckstück für die Wallanlagen. Durch die Platzierung vor dem grünen Hintergrund wirken beide Figuren natürlich und selbstverständlich. Manche empfinden die Nacktheit aber als Provokation, somit kann auch diese Figur zum Nachdenken anregen: Überlegt man nämlich, welche Kleidung passend wäre, so fällt einem nichts ein, sie würde die Harmonie des Rosses und seines Lenkers stören.

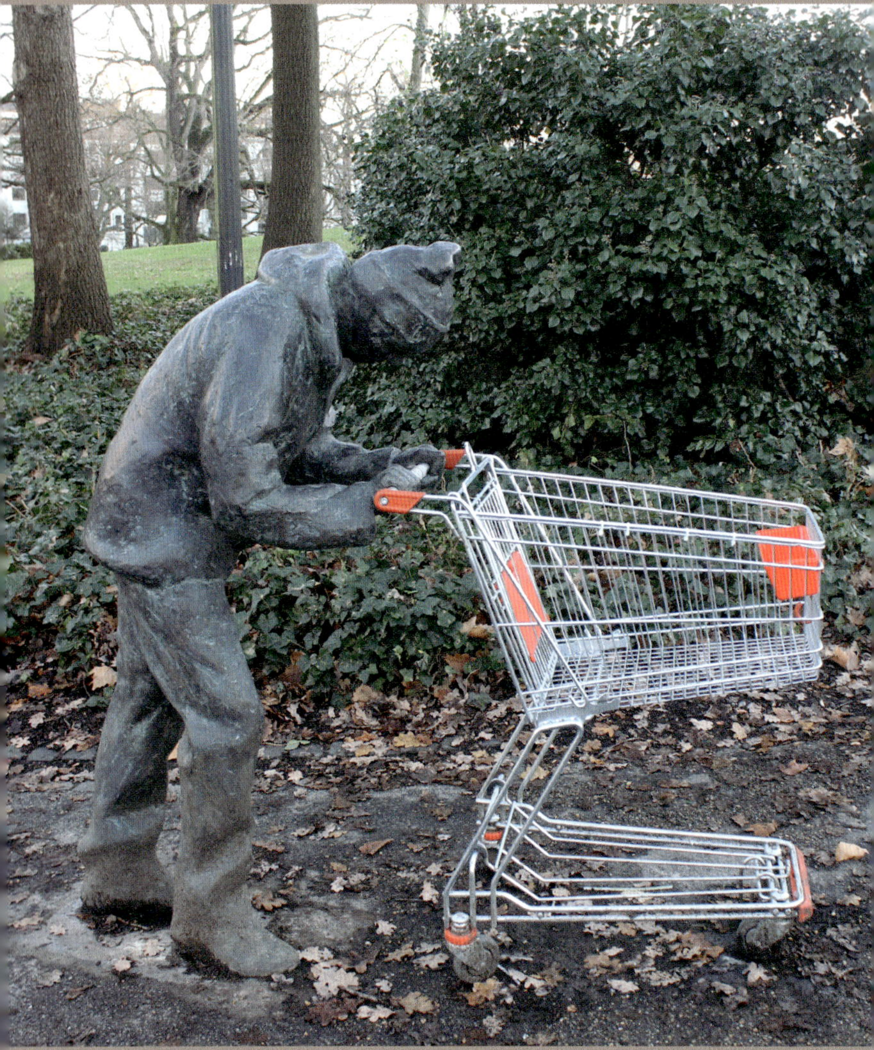

Bronzemann

2020

39

● Wallanlagen, Herdentor, nahe der Prunkvase

Im Mai 2020 stand plötzlich die fast lebensgroße Figur eines Bronzemannes am Herdentor, der in gebeugter Haltung einen originalen Einkaufswagen aus dem Supermarkt schiebt. Man rieb sich die Augen. Wer stellte ohne Auftrag und somit selbst finanziert eine Skulptur aus Bronze – einem teuren Material – unbemerkt in die Wallanlagen? Die Kulturbehörde wusste von nichts. Niemand hatte sich gemeldet und sich bekannt. In den Medien wurde gerätselt.

Zunächst errichtete man um die Skulptur vorsorglich einen Bauzaun, um sie zu sichern. Im Spätsommer konnte die Kulturbehörde schließlich mit dem anonymen Künstler Kontakt aufnehmen und eine dauerhafte Verankerung vereinbaren. Seit dem 8. Oktober 2020 steht der *Bronzemann* auf sicheren Füßen, verankert in einem Betonfundament. Im November 2020 wurde bekannt, dass die Skulptur vom Aktionskünstler »Mohamed Smith« stammt. Unter diesem Pseudonym schuf er ebenfalls im Herbst 2020 für Hamburg eine Männerfigur mit einer Spraydose in der Hand. In Bremen tauchten zuletzt an verschiedenen Orten fest im Boden verankerte bronzene Kothaufen auf.

Die Kleidung und die Statur des Bronzemannes lassen vermuten, dass dem Künstler ein reales Vorbild als Modell diente. Er gab der Skulptur keinen Namen, wickelte aber um den Griff des Einkaufswagens einen Barcode, den man einscannen kann. Wer das tut, bekommt das Wort *Emptiness* angezeigt. Es bezieht sich auf die Leere des Einkaufswagens und wohl auch auf die Leere im Leben dieses Mannes. Man sieht, wie anstrengend es für ihn ist, den Wagen zu schieben, obwohl er leer ist, denn der Körper des Mannes hat nicht viel Kraft. Vielleicht hat der Mann kein Zuhause, ist wohnungs- oder

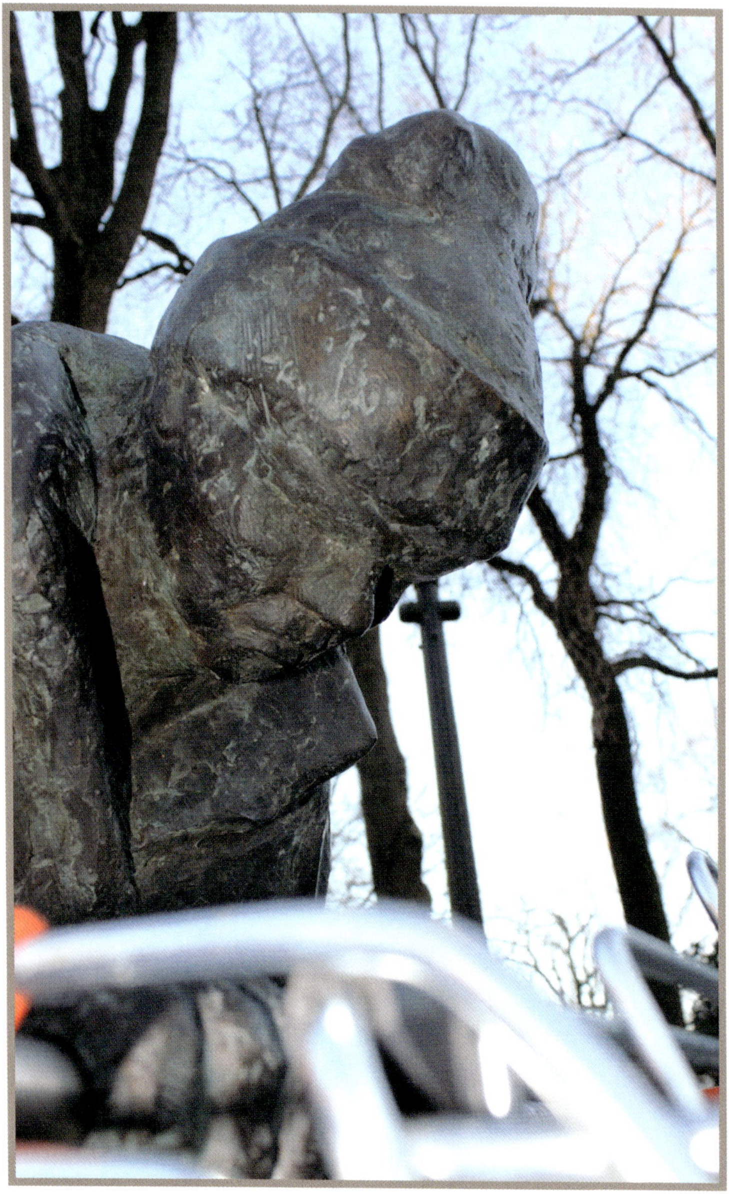

sogar obdachlos. Vielleicht ist er auf dem Weg zu seinem Schlafplatz irgendwo in den Wallanlagen.

Obwohl wir den Mann nicht kennen, wissen wir, dass es ihn gibt. Er repräsentiert eine Gruppe von Menschen, der wir oft in der Stadt begegnen, zu der wir aber meist keinerlei Kontakt haben – und plötzlich steht einer dieser Männer als Bronzeguss vor uns. Allein das Material Bronze zeigt den Respekt, den Mohamed Smith dieser Personengruppe und diesem besonderen Mann zollt und auch von anderen einfordert. Mitleid ist zu wenig.

Dieses Denkmal ist Menschen gewidmet, die, aus welchen Gründen auch immer, in Armut leben. Im Land Bremen waren im Herbst 2019 Schätzungen der Inneren Mission zufolge 500 bis 600 Menschen obdachlos. Die Armutsquote und Armutsgefährdung sind in Bremen im Bundesvergleich hoch, trotz großer Anstrengungen von politischer und privater, von offizieller und ehrenamtlicher Seite.

Schräg gegenüber am Herdentorsteinweg steht das Denkmal für Bürgermeister Wilhelm Kaisen. Es würde ihn erschüttern, wüsste er, dass 40 Jahre nach seinem Tod in »seiner« Stadt noch immer so viele arme Menschen leben.

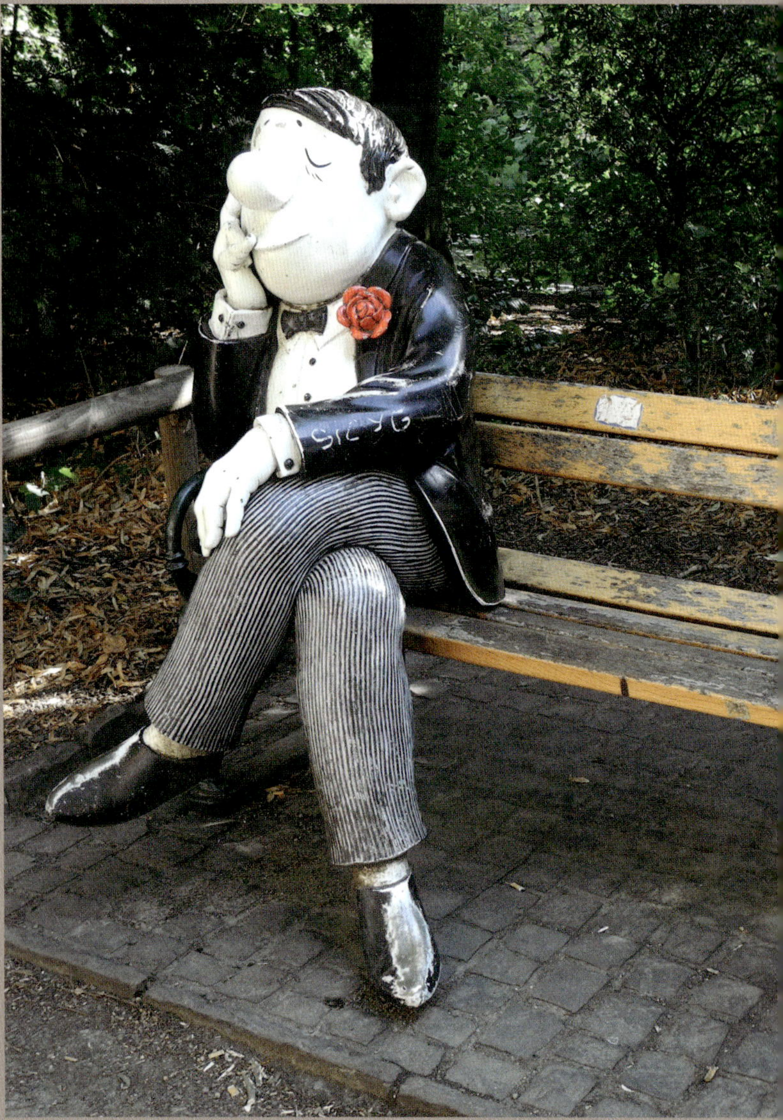

Bernhard-Viktor Christoph-Carl von Bülow, genannt Vicco von Bülow alias Loriot, 12.11.1923 in Brandenburg an der Havel – 22.8.2011 in Ammerland

40

Knollennasenmann

2016

● Wallanlagen Loriotplatz

Auf dem Loriotplatz in den Wallanlagen sitzt auf einer Holzbank eine große Fantasie-Männerfigur. Mit übereinandergeschlagenen Beinen, geschlossenen Augen, das Kinn in die Hand gestützt, sitzt sie lächelnd da und scheint an etwas Nettes zu denken. Der Riese hat sich hübsch gemacht mit gestreifter Hose, schwarzem Jackett, weißem Hemd mit Fliege und einer leuchtend roten Rose am Revers. Neben dem Herrn ist noch genug Platz und wer mag, kann sich zu ihm setzen. Es ist klar: Diese Figur ist eine Schöpfung Loriots, die er unnachahmlich im *Großen Ratgeber* von 1983 verewigt hat und die unzählige Male als Zeichentrickfigur im Fernsehen auftrat. Haltung und Mimik der Skulptur entsprechen dem Titelbild des Buches.

Der 200 Kilogramm schwere *Knollennasenmann* ist ein Geschenk der Karin und Uwe Hollweg Stiftung und des Gastronomen-Paars Barbara und Jürgen Dewet Schmidt für Bremen. Als deren Delikatessen-Bistro Grashoff noch am Schüsselkorb angesiedelt war, gehörte Vicco von Bülow zu den geschätzten Gästen. Ein signiertes Tischset mit einer Zeichnung des Knollennasenmännchens verwahren die Schmidts als persönliches Erinnerungsstück ihres Freundes. Als man am 26. Juni 2013 den Loriot-Platz in den Wallanlagen einweihte, meinte Jürgen Dewet Schmidt: »Ich hoffe, da kommt noch mehr hin. Eine Skulptur«. Mit Enthusiasmus und Energie, immer in Absprache mit Loriots Tochter Susanne von Bülow, wurde diese Hoffnung realisiert, das Werk initiiert, der künstlerische und technische Entstehungsprozess begleitet und dokumentiert von Jürgen Dewet Schmidt.

Für Loriot ein Denkmal zu schaffen, war eine knifflige Herausforderung. Das Ehepaar Schmidt und Loriots Tochter entschieden sich für den *Knollennasenmann*, eine Gestalt, die Loriot erfand und die zu seiner Berühmtheit beitrug, die sein Markenzeichen wurde. Die Idee, eine gezeichnete Figur in eine Skulptur zu verwandeln, ist raffiniert. Dabei spielt die enorme Vergrößerung die bedeutende Rolle. Mit Hilfe von 3-D-Projektionen schuf der österreichische Bildhauer Roman Johann Strobl die perfekte Transformation. Aus dem berühmten Männchen im Buch wurde ein Mann im Raum. Für die Bemalung der Bronze gewann Schmidt den Bremer Street-Art-Künstler Patrick Przewloka. Auch für ihn war die Aufgabe außergewöhnlich, musste er doch nach den Grundierungen des Metalls die Bemalung exakt von der kleinen Zeichnungsvorlage auf ein dreidimensionales Riesenformat übertragen und den Gesichtsausdruck mit wenigen gezogenen Strichen treffen.

Das Werk gelang und am 20. Juni 2016 wurde es fröhlich und mit bester Laune aller Anwesenden enthüllt. Unter ihnen waren neben den Künstlern, dem Gießer und den Stiftern auch die beiden Töchter Bettina und Susanne von Bülow.

Die Skulptur ist zwar ein Denkmal für Loriot, aber es stellt ihn nicht dar. Das ist eine besondere Art der Denkmalskunst: Ein bekanntes Werk verweist auf seinen Schöpfer und definiert ihn. Auf einer normalen Bank sitzt die harmlose Gestalt und tut so, als würde sie ein bisschen nachdenken oder auf jemanden warten, für einen gemeinsamen festlichen Abend vielleicht. Aber jeder Loriot-Fan weiß, weder der Karikaturist noch seine Figuren sind harmlos. Der *Knollennasenmann* verkörpert Loriots scharfe Beobachtungsgabe, mit der er auf unvergleichlich komische Art seinen Mitmenschen pointiert und liebenswürdig deren Schwächen vorhielt.

Viele berühmte Szenen von und mit Loriot wurden von Radio Bremen zwischen 1976 und 1978 produziert, deshalb ist es auch für die Stadt wichtig, ein Denkmal für den Humoristen im öffentlichen Raum zu haben. Am Haupteingang des Radio-Bremen-Gebäudes steht seit dem 11. November 2013 ein Bronzeabguss des berühmten Sofas mit Mops, auf dem Loriot, oft auch mit seiner unvergessenen, großartigen Partnerin Evelyn Hamann, seine Sketche einführte. Das grüne Original wird seit 2011 im Foyer des Gebäudes verwahrt.

Man hatte in Bremen lange nachgedacht und auch kontrovers diskutiert, wo man einen Platz nach Loriot benennen könnte. Unter den vielen Vorschlägen kam für Susanne von Bülow nur der Ort in den Wallanlagen infrage. Und so geschah es dann auch. Für das Ehepaar Schmidt ist es eine große Freude, dass nicht nur der Platz direkt an ihr Feinkostgeschäft angrenzt, sondern auch das von ihnen initiierte und mitfinanzierte Denkmal für ihren geschätzten und berühmten Freund schräg gegenüber dem Eingang einen idealen Aufstellungsort fand.

Das Denkmal erfüllt noch eine weitere Funktion, die über die persönliche und künstlerische Wertschätzung Loriots hinausgeht: Es löst Freude aus und bringt die Menschen zum Lachen.

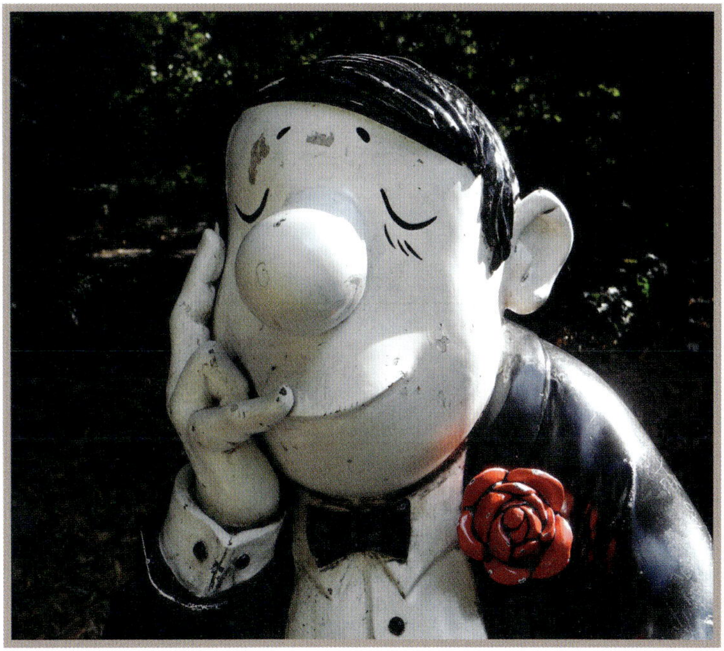

Kleine Denkmalsgeschichte

Schon in den Hochkulturen der Antike haben sich Herrscher und Herrscherinnen darstellen lassen, um auch über ihren Tod hinaus ihre Macht zu demonstrieren. In ihrem Auftrag meißelten unzählige Künstler Statuen, Büsten und Reliefs – auch für andere Staatsrepräsentanten wie Philosophen, Dichter, Heerführer oder Politiker. So sind diese Personen über Jahrtausende im Gedächtnis geblieben und ihre Inszenierungen beeindrucken bis heute. Seit dem Mittelalter kennen wir lebensgroße Halbfiguren, die auf Sarkophagen in Kirchenräumen an die Verstorbenen – weltliche und geistliche Herrscherpersönlichkeiten – erinnern und eine Vorstellung ihres Aussehens, verbunden mit Attributen zur Position, vermitteln. Aus dem Grabmal entstand noch im Mittelalter die aufrecht stehende Figur, deren Darstellung nun zunehmend an die lebende Person angeglichen wurde. Bis heute schmücken Statuen von Kirchenfürsten, Stiftern und Heiligen beiderlei Geschlechts die Außen- und Innenfassaden der Kirchen und beanspruchen eine klare Erinnerungsfunktion.

Im 19. Jahrhundert kam es zu einer bedeutenden Veränderung der Denkmalsbegründung. Jetzt setzte man auch verdienten Wissenschaftlern, Musikern, Dichtern und Denkern Denkmäler und demonstrierte damit stolz das gewachsene bürgerliche Selbstbewusstsein. Die Aufträge erteilten einzelne Personen und Komitees, die sich zudem um die Finanzierung kümmerten. Sie handelten zwar aus politischem und eigenem Interesse, sahen sich aber durch ihre günstige finanzielle Lage durchaus auch in der Verantwortung für das Stadtbild, das sie nach eigenem Geschmack nun beeinflussten und veränderten.

Der entscheidende Aspekt des Denkmals ist, dass bereits bei der Konzeption die Erinnerungsfunktion absichtlich eingearbeitet wird, oft zusätzlich verstärkt durch Inschriften und Widmungen. Das Denkmal soll vor allem die dargestellte Person beschreiben, Leistungen, Gedanken und Charakter sollen zum Ausdruck kommen und damit neben der Erinnerung auch Respekt und Achtung beim Publikum hervorrufen. Die teilweise gewaltigen Sockel verstärken die Wirkung; sie heben die dargestellte Person geradezu wörtlich in den Himmel und von normalen Menschen ab. Sie machen »Größe« sichtbar.

Lange galt das Denkmal nicht als Kunstwerk. Seine abbildende Funktion stand im Vordergrund und es wurde als eigene Kunstgattung nicht ernst genommen. Das Publikum dachte so gut wie gar nicht über die künstlerische Arbeit nach, sondern beschäftigte sich mit den dargestellten Personen und den mit ihnen verbundenen Ereignissen oder Leistungen. Das ist auch heute oft noch der Fall, an einigen Beispielen in diesem Buch wird dies deutlich. Diese einseitige Auffassung ist jedoch längst widerlegt. Schon immer war es für die Künstler und Künstlerinnen eine bedeutende Aufgabe, Denkmäler zu konzipieren und zu gestalten. Denn neben der eigentlichen Denkmalsfunktion soll die künstlerische Aussage mindestens gleichwertig sein.

Die Bremische Bürgerschaft und der Senat beschlossen 1973 das Programm *Kunst im öffentlichen Raum* mit der beachtlichen Fördersumme von 1,5 % der Kosten von öffentlichen Baumaßnahmen für die Schaffung von Kunstwerken. Seit 1981 gibt es kaum noch Haushaltsmittel, sondern die Stiftung Wohnliche Stadt mit einem Etat von 250.000 Euro jährlich verantwortet die Finanzierung. Diese Programme ermöglichten auch die Aufstellung von Denkmälern.

Doch mit der Errichtung allein ist es nicht getan. Deshalb lautet die richtige und verpflichtende Bezeichnung der zuständigen Behörde auch Landesamt für Denkmalpflege. Die Gesellschaft ist aufgefordert, die nötigen Gelder für den Erhalt bereitzustellen; denn Denkmäler vergegenwärtigen und veranschaulichen unser kulturelles und politisches Erbe, selbst oder gerade wenn sie umstritten sind.

Seit Jahrhunderten stürzten aufgebrachte Menschen Denkmäler. Sie passten nicht mehr in die Zeit oder würdigten Personen und Ideologien, die man nicht mehr akzeptieren konnte. Denkmalstürze erfolgen in der Regel emotional und spontan. So zerstörten z. B. die Bilderstürmer der Reformationszeit unzählige Heiligenstatuen, und auch in den letzten Jahren wurden religiöse Denkmäler Opfer von Andersgläubigen. Jüngste Ereignisse beschreiben die Hoffnung, dass mit dem Niederreißen von Denkmälern für militärische Anführer, die sich im amerikanischen Bürgerkrieg für die Beibehaltung der Sklaverei einsetzten, auch die Verehrung und Wertschätzung dieser Menschen und endlich der andauernde Rassismus in der Gesellschaft ein Ende haben. An den Denkmälern entlädt sich lange aufgestaute Wut auf Personen, politische Systeme und strukturelle Gewalt.

Im Wort »Denkmal« drückt sich der Sinn des Werks mehrfach aus. Neben der Erinnerungsfunktion regt das Denkmal zum Nachdenken, Umdenken, Mitdenken, Weiterdenken und Überdenken ein. Es erlaubt ein freies Denken in unterschiedliche Richtungen. Das Denkmal ist ein Angebot, sich mit der dargestellten Person auseinanderzusetzen, Zeitumstände der Aufstellung zu bedenken und zu überlegen, ob und warum man aus heutiger Sicht jener Person noch ein Denkmal widmen würde oder warum nicht. Das Denkmal stellt Fragen: Inwieweit prägt die dargestellte Person unser kulturelles Bewusstsein? Wie beeinflussten die Person und ihre Denkmal-Inszenierung unsere gesellschaftliche, politische und religiöse Identität und Realität? Was hat das Denkmal mit uns zu tun? Und: Wen hält man selbst für denkmalwürdig?

Register der Künstler und Künstlerinnen

Ludwig Ahner (1911 in Wiesbaden – 1979 in Lilienthal): *König von Böhmen und Kaiser am Rathaus (9)*

Ingeborg Ahner-Siese (1923 in Verden – 2017 in Lilienthal): *König von Böhmen und Kaiser am Rathaus (9), Jacobus Major (17)*

Bernd Altenstein (1943 in Schloßberg/Ostpreußen): *Kakaobauer (4), Fietje Balge (20)*

Georg Arfmann (20.6.1927 in Bremen – 9.8.2015 in Königslutter): *Platon am Rathaus (7), Kurfürst von der Pfalz am Rathaus (9)*

Stefan Balkenhol (10.2.1957 in Fritzlar): *Mann mit Vogel (25)*

Christa Baumgärtel (1947 in Kaufbeuren): *Wilhelm-Kaisen-Denkmal (1)*

Hans Breitenbach (o. D.): *Cicero am Rathaus (7), Kurfürst von Brandenburg am Rathaus (9)*

Fritz Cremer (22.10.1906 in Arnsberg – 1.9.1993 in Berlin): *Freiheitskämpfer (35)*

Max Dennert (13.3.1861 in Friedeberg – 29.9.1922 in Berlin): *Turmbläserbrunnen (18)*

Johann Christian Wilhelm Everding (18.7.1863 in Bremen – 20.12.1928 ebenda): *Jacobus Major (17), Bürgermeister am Gerichtsgebäude (32)*

Johann Friedrich Wilhelm Everding (5.5.1855 in Bremen – 26.2.1918 ebenda): *Bürgermeister am Gerichtsgebäude (32)*

Peter Fuchs (27.9.1829 in Köln – 31.7.1898 ebenda): *Peter Fuchs, Franz Schütte, Max Salzmann (15), Domfiguren (16)*

Jürgen Goertz (13.3.1939 in Czeluscin, Polen): *Bessel-Ei (3)*

Waldemar Grzimek (5.12.1918 in Rastenburg, Ostpreußen – 26.5.1984 in West-Berlin): *Heinrich Heine (33)*

Karl Gundelach (16.6.1865 in Linden, Hannover – 19.1.1920 in Hannover): *Kaiser am Gerichtsgebäude (32)*

Hermann Hahn (28.11.1868 in Kloster Veilsdorf – 18.8.1945 in Pullach): *Moltke-Denkmal (6)*

Paul Halbhuber (1909 in Dresden – 1995 in Bremen): *Neptun (28)*

Adolf von Hildebrand (6.10.1847 in Marburg – 18.1.1921 in München): *Bismarck-Denkmal (14)*

Bernhard Hoetger (4.5.1874 in Hörde – 18.7.1949 in Interlaken, Schweiz): *Ludwig Roselius (21), Sieben-Faulen-Brunnen (22), Bacchus (23), Paracelsus (24)*

Claus Homfeld (25.1.1933 in Bremen – 9.10.2019 ebenda): *Heini Holtenbeen (30), Ottjen-Alldag-Brunnen (31)*

Alfred Horling (o. D.): *Aristoteles am Rathaus (7), Kurfürst von Köln am Rathaus (9)*

Heinrich Jennen (1872 – 1920): *Moltke-Denkmal (6)*

Meister Johannes, auch Meister Johan (15. Jahrhundert): *Philosophen am Rathaus (7), Meister Johannes (8), Kaiser und Kurfürsten (9), Propheten (11)*

Herbert Kubica (16.6.1906 in Nürnberg – 17.7.1972 in Bremen): *Kurfürst von Mainz am Rathaus (9), Kriegsgefangenendenkmal (34), Sterbender Jüngling(37)*

Peter Lehmann (10.7.1921 in Bremen – 15.4.1995 in Großenkneten): *Schweinehirt und seine Herde (2)*

Kurt Lettow (24.4.1908 – 24.4.1992): *Demosthenes am Rathaus (7), Kurfürst von Trier am Rathaus (9)*

Manfred Lohrengel (1937 in Bremen – 7.2.2006 in Berne): *Bacchus (23)*

Edmund Lüttschwager (o. D.): *Kurfürst von Sachsen am Rathaus (9)*

Rudolf Maison (29.7.1854 in Steinweg – 12.2.1904 in München): *Herolde (12)*

Gerhard Marcks (18.2.1889 in Berlin – 3.11.1981 in Burgbrohl): *Verwundeter Achill (19), Der Rufer (26)*

Victor von Meyenburg (25.9.1834 in Schaffhausen – 16.2.1893 in Dresden): *Denkmal für Johann Gottfried Seume (29)*

Waldemar Otto (30.3.1929 in Petrikau, Polen – 8.5.2020 in Worpswede): *Neptunbrunnen (13)*

Patrick Przewloka (1983 in Bremen): *Knollennasenmann (40)*

Georg Roemer (19.1.1868 in Bremen – 25.1.1922 in München): *Denkmal für Ludwig Franzius (27)*

Aloys Röhr (18.12.1887 in Münster – 1.3.1953 in Albersloh): *Die Sieben Faulen (22)*

Mohamed Smith (unbekannt): *Bronzemann (39)*

Carl Steinhäuser (3.7.1813 in Bremen – 9.12.1879 in Karlsruhe): *Olbers-Denkmal (36)*

Roman Johann Strobl (12.5.1951 in Kitzbühel): *Knollennasenmann (40)*

Engelhard Tölken (26.6.1882 in Bremen – 24.4.1928 ebenda): *Goldschmied (5)*

Louis Tuaillon (7.9.1862 in Berlin – 21.2.1919 ebenda): *Der Rosselenker (38)*

Personenregister

Adaldag (um 900–28.4.988 in Bremen), Benediktiner-Mönch, ab 937 Erzbischof von Hamburg-Bremen

Albert II. (um 1359/60 als Albert von Braunschweig-Wolfenbüttel–14.4.1395 in Bremervörde), ab 1361 Erzbischof von Bremen

Dante Alighieri (Mai/Juni 1265 in Florenz–14.9.1321 in Ravenna), italienischer Dichter und Philosoph

Hermann Ludwig Allmers (11.2.1821 in Rechtenfleth–9.3.1902 ebenda), Schriftsteller

Hanna Berger (23.8.1910 in Wien–15.1.1962 in Ost-Berlin), eigentlich Johanna Elisabeth Hochletner-Köllchen, Tänzerin, Autorin und Gegnerin der NS-Regimes

Elsa Brändström (26.3.1888 in St. Petersburg–4.3.1948 Cambridge/USA), schwedische Philanthropin

Brede (um 1400, Lebensdaten unbekannt), Ehefrau von Meister Johannes

Adolph Brinckmann (1845–1926), Bremer Kaufmann/Juwelier

William Brinckmann (1875–1932), Bremer Kaufmann/Juwelier, Sohn von Adolph Brinckmann

Daniel von Büren der Ältere (im 15. Jahrhundert in Bremen–4.4.1541 ebenda), Bremer Ratsherr und Bürgermeister von 1500–1538

Johannes Calvin (10.7.1509 in Noyon als Jean Cauvin–27.5.1564 in Genf), Theologe und Reformator

Karl Dillschneider (8.12.1904 in Berlin–21.9.1998 in Bremen), Architekt und Bremer Denkmalpfleger

Georg Droste (13.12.1866 in Bremen–17.8.1935 ebenda), niederdeutscher Autor

Einhard (um 770 im Maingau–14.3.840 Kloster Obermulinheim), Gelehrter und Autor der *Vita Karoli Magni*, Biografie Karls des Großen

Ernst Friedrich Heinrich Erhardt (6.9.1855 in Staßfurt–6.8.1944 in Bremen), Architekt und Dombaumeister

Henner Flügger (1960 in Hamburg), Pastor und Domprediger im St.-Petri-Dom Bremen

Johann Carl Friedrich Gauß (30.4.1777 in Braunschweig–23.2.1855 in Göttingen), Mathematiker, Astronom, Geodät und Physiker

Lorenzo Ghiberti (um 1378 in Pelago – 1.12.1455 in Florenz), italienischer Bildhauer

Evelyn Hamann (6.8.1942 in Hamburg – 28.10.2007 ebenda), eigentlich Eveline Braun, geb. Hamann, Schauspielerin

John Henry Harjes (5.2.1829 in Bremen – 15.7.1914 in Grasse, Frankreich), Bankier

Heinrich der Löwe (um 1130 – 6.8.1195 in Braunschweig), von 1142–1180 Herzog von Sachsen sowie 1156–1180 Herzog von Bayern

Herodes Agrippa I. (10 v. Chr. als Marcus Iulius Agrippa – 44 n. Chr.), ab 41 n. Chr. König von Judäa und Samaria

Homer (vermutlich im 8. Jh. v. Chr.), griechischer Dichter und Autor der *Ilias* und der *Odyssee*

Albert Hößler (11.10.1910 in Mühlau – 22.12.1942 in Berlin-Plötzensee), Widerstandskämpfer

Marta Husemann, geb. Wolter (20.8.1913 in Berlin – 30.6.1960), Schauspielerin und Widerstandskämpferin

Johann Christian Jacobs (2.2.1962 in Bremen), Rechtsanwalt und Investor, ältester Sohn von Klaus J. Jacobs (3.12.1936 in Bremen – 11.9.2008 in Küsnacht), Bremer Kaffeekaufmann und Mäzen

Ilse Kaisen (4.10.1923 in Bremen – 5.11.2013 ebenda), drittes Kind von Wilhelm und Helene Kaisen, geb. Schweida (11.5.1889 in Braunschweig – 5.9.1973 in Bremen), Gründerin der Wilhelm-und-Helene-Kaisen-Stiftung

Karl IV. (14.5.1316 in Prag als Wenzel – 29.11.1378 ebenda), ab 1346 römisch-deutscher König, ab 1347 König von Böhmen, ab 1355 König von Italien, ab 1355 römisch-deutscher Kaiser

Karl der Große (747 oder 748 – 28.1.814 in Aachen), 768–814 König des Fränkischen Reichs, am 25.12.800 Krönung zum Kaiser

Hans Henry Lamotte (25.6.1922 in Bremen – 8.4.2003 ebenda), Bremer Kaufmann und Dombauherr

Gerhard Lange (22.5.1858 in Bremen – 17.11.1924 ebenda), Bremer Kaufmann/Juwelier, Schwiegersohn von Adolph Brinckmann

Theodor Laue (1.3.1893 in Bremen – 26.9.1953 in Goslar), Politiker (NSDAP) und 1933–1937 Bremer Senator

Emma Gräfin von Lesum (um 975/980 – 3.12.1038 in Lesum), angebliche Stifterin der Bremer Bürgerweide

Bernhard Loose (16.5.1836 in Bremen – 31.5.1902 ebenda), Bremer Bankier

Dirk Meyer (1969 in Warendorf), Pfarrer in der Katholischen Propsteigemeinde St. Johann, Bremen (bis Ende 2020)

Michelangelo (6.3.1475 in Caprese – 18.2.1564 in Rom), eigentlich Michelangelo Buonarroti, italienischer Maler, Bildhauer, Baumeister und Dichter

Alfred Dominicus Pauli (7.8.1827 in Lübeck – 20.11.1915 in Bremen), Bremer Senator und ab 1891 mehrmals Bürgermeister

Gustav Pauli (2.2.1866 in Bremen – 8.7.1938 in München), Direktor der Bremer Kunsthalle

Turpin von Reims (748 – 1.9.794 in Reims), Erzbischof von Reims

Albrecht Graf von Roon (30.4.1803 in Pleushagen als Albrecht Theodor Emil von Roon, ab 1871 Graf von Roon – 23.2.1879 in Berlin), preußischer Generalfeldmarschall

Auguste Rodin (12.11.1840 in Paris – 17.11.1917 in Meudon), eigentlich François-Auguste-René Rodin, französischer Bildhauer und Zeichner

Ludwig Gerhard Wilhelm Roselius (2.6.1874 in Bremen – 15.5.1943 ebenda), Bremer Kaffeekaufmann und Mäzen

Friedrich Johann Michael Rückert (16.5.1788 in Schweinfurt – 31.1.1866 in Neuses, heute Coburg), Dichter und Sprachgelehrter

Hermann Schaper (13.10.1853 in Hannover – 12.6.1911 ebenda), Maler und Innenarchitekt

Henning Scherf (31.10.1938 in Bremen), Politiker (SPD) und Bremer Bürgermeister von 1995 – 2005

Heinrich Schmidt-Barrien (19.1.1902 in Uthlede – 9.12.1996 in Lilienthal), eigentlich Heinrich Adolf Schmidt, Schriftsteller und Hörspielsprecher

Manfred Schomers (26.9.1940 in Bad Langensalza), Architekt und Städtebauer

Rudolf Alexander Schröder (26.5.1878 in Bremen – 22.10.1962 in Bad Wiessee), Schriftsteller

Johann Hieronymus Schroeter (30.8.1745 in Erfurt – 29.8.1816 in Lilienthal), Astronom

Fritz Schumacher (4.11.1869 in Bremen – 5.11.1947 in Hamburg), Architekt und Stadtplaner

Rainer Schürmann (1946 in Bünde/Westfalen), Bremer Architekt

Sigismund (15.2.1368 in Nürnberg–9.12.1437 in Znaim), ab 1378 Markgraf von Brandenburg, ab 1387 ungarischer König, ab 1410/11 römisch-deutscher König, ab 1433 Kaiser

Hans Tallasch (13.1.1924 in Berlin–10.2.2019 in Bremen), ehemaliger Geschäftsführer der Böttcherstraße GmbH Bremen und ehrenamtlicher Archivar des Böttcherstraßen-Archivs

Gustav Adolph Teichmann (gest. 1892), Bremer Kaufmann, Stifter des *Teichmann-Brunnens*

Gerhard Thieme (15.3.1928 in Rüsdorf–27.5.2018 in Berlin), Bildhauer

Peter A. Ulrich (12.7.1953 in Bremen), Pastor und Domprediger (1992–2019) im St.-Petri-Dom Bremen

Friedrich Wagenfeld (3.1.1810 in Bremen–26.8.1846 ebenda), Schriftsteller und Philologe

Jürgen Waller (21.6.1939 in Düsseldorf), Maler

Christian Weber (1.7.1946 in Krobica, Polen–12.2.2019 in Bremen), Politiker (SPD) und von 1999–2019 Präsident der Bremischen Bürgerschaft

Wilhelm I. (22.3.1797 in Berlin als Wilhelm Friedrich Ludwig von Preußen–9.3.1888 ebenda), König von Preußen (ab 1861) und erster Deutscher Kaiser (ab 1871)

Willehad (um 740 in Northumbria–8.11.789 in Blexen), angelsächsischer Missionar, ab 787 erster Bischof von Bremen

Willerich (gest. 4.5.838), ab 804 oder 805 Bischof von Bremen

Heinrich von Zütphen (um 1488 in Zutphen–10.12.1524 in Heide/Holstein), Prior und Reformator

Literatur und Quellen

1 Wilhelm-Kaisen-Denkmal

Freie Hansestadt Bremen, Senatskanzlei: »Wilhelm-Kaisen-Denkmal in den Wallanlagen enthüllt«, 22.5.2012, https://www.senatspressestelle.bremen.de/sixcms/detail.php?gsid=bremen146.c.51875.de Aufruf 2.4.2020 | Hellwig, Silke: »Die Korrektur der Geschichte«, in: WESER-KURIER 23.1.2017 | Müller, Hartmut (Hg.): Begegnungen mit Wilhelm Kaisen, Bremen 1980 | Schwarzwälder, Herbert: Bremer Geschichte, Bremen 1993, S.254–257, 260 | Skwirblies, Karina: »Wilhelm Kaisen in Bronze gegossen«, in: WESER-KURIER 13.2.2012 | dies.: »Kaisen-Statue steht jetzt in den Wallanlagen«, in: WESER-KURIER 12.5.2012 | Wedemeier, Klaus (Hg.): Unser Wilhelm Kaisen, Bremen 1987

2 Schweinehirt und seine Herde

Bronzetafel im Boden

3 Bessel-Ei

Friedrich Wilhelm Bessel – Physik-Schule – cosmos indirekt, https://physik.cosmos-indirekt.de/Physik-Schule/Friedrich_Wilhelm_Bessel Aufruf 26.7.2020 | Schlimmer, J. S.: »Der Doppelstern 61 Cygni, (61 Cyg), STR2758AB«, 08.2011, http://epsilon-lyrae.de/Doppelsterne/61Cygni/61Cygni.html Aufruf 23.7.2020 | Schoenberg, Erich: »Bessel, Franz Friedrich Wilhelm«, in: Neue Deutsche Biographie 2, Berlin 1955, S. 179–180, https://www.deutsche-biographie.de/sfz69468.html Aufruf 26.7.2020

4 Kakaobauer

Schwarzwälder, Herbert: Das Große Bremen-Lexikon, Bremen 2002, S. 357 | Stadtbild Deutschland e.V.: Pagentorn: »Bremen – Altstadt – Obernstraße«, 26.1.2018, https://www.stadtbild-deutschland.org/forum/index.php?thread/7372-bremen-altstadt-obernstra%C3%9Fe/ Aufruf 26.8.2020 | Telefongespräche mit Bernd Altenstein am 24.8.2020, 18.9.2020

5 Goldschmied

Döscher, Lüder: »Chronik der Familie Lange in Bremen«, 1974, http://www.gaebler.info/ahnen/lange.htm Aufruf 26.7.2020 | Freie Hansestadt Bremen, Landesamt für Denkmalpflege: »Brinkmann und Lange«, https://denkmalpflege.bremen.de/denkmal_digital/detail.php?id=51331 Aufruf 26.7.2020 | StAB sign Ai-121: Döscher, Lüder: Firmenchronik 100 Jahre Brinckmann & Lange, 1974 | StAB sign 9.S 3: Pastor Hoops, Heinrich: »Engelhard Tölken Zum Gedächtnis«, 28.4.1928 | Torsy, Jakob: Der große Namenstagkalender, Freiburg i. B. 1976, S. 339

6 Moltke-Denkmal

Bremische evangelische Kirche, Gemeinde von Unser Lieben Frauen: »Die Geschichte der Gedächtniskapelle«, https://www.kirche-bremen.de/gemeinden/31_unser_lieben_frauen/kirchengeschichte_gedaechtniskapelle.php Aufruf 30.5.2020 | Gerhard-Marcks-Stiftung, Bremen (Hg.): Roß und Reiter in der Skulptur des XX. Jahrhunderts, Ausstellungskatalog, Gerhard-Marcks-Haus Bremen, 21.4.–4.8.1991, Bremen 1991, S. 30, 31 | Schwarzwälder, Herbert: Geschichte der Freien Hansestadt Bremen, Bd. II, Hamburg 1987, S. 293, 294, 386, 568 | Thies, Erika: »Der große Schweiger vor der Kirchenmauer«, in: WESER-KURIER 4.11.2009 | Walle, Heinrich, »Moltke, Helmuth Graf von«, in: Neue Deutsche Biographie 18, 1997, S. 13–17, https://www.deutsche-biographie.de/pnd118583387.html#ndbcontent Aufruf 26.5.2020

7 Die Philosophen

»Der alte Rathaus-Kaiser trug ein rotes Kleid«, in: Bremer Nachrichten 10.4.1959 | »Der Kaiser wurde abgenommen«, in: WESER-KURIER 26.8.1960 | E-Mail von Dr. Karin Walter vom 18.8.2020 | Freie Hansestadt Bremen (Hg.): Das Rathaus, Bremen 1980, S. 10, 11, 13 | »Fünf Bildhauer werden beauftragt«, in: WESER-KURIER 30.8.1960 | Gramatzki, Rolf: Das Rathaus in Bremen, Bremen 1994, S. 33, 34, 230

8 Meister Johannes

Freie Hansestadt Bremen (Hg.): Das Rathaus, Bremen 1980, S.13 | Gramatzki, Rolf: Das Rathaus in Bremen, Bremen 1994, S. 28, 45, 46, 230

9 Der Kaiser und die Kurfürsten

»Austausch der Rathausfiguren«, in: Bremer Nachrichten 9.1.1960 | Deutsches Institut für Fernstudien an der Universität Tübingen (Hg.): Funkkolleg Kunst Studienbegleitbrief 6, Weinheim Basel 1985, S. 52, 61 | DocPlayer: »Ingeborg Ahner-Siese. Biografie«, https://docplayer.org/74241792-Ingeborg-ahner-siese-biographie.html Aufruf 26.6.2020 | Freie Hansestadt Bremen (Hg.): Das Rathaus, Bremen 1980, S. 10, 11 | Gramatzki, Rolf: Das Rathaus in Bremen,

Bremen 1994, S. 31–33, 42, 43 | »Kurfürsten am Rathaus treten jetzt in Ruhestand«, in: WESER-KURIER 8.12.1959 | »Kurfürsten werden ausgewechselt«, in: Bremer Nachrichten 8.12.1959 | Kuster-Wendendorf, Elisabeth: »Der Bremer Stein und die Weserrenaissance«, in: Bremer Geo-Touren, Heft 1, Bremen 2002, S. 29 | »Steinerne Hoheiten am Flaschenzug«, in: WESER-KURIER 3.8.1960 | Telefongespräch mit Susanne Ahner am 23.9.2020

10 Roland

Elmshäuser, Konrad: »Der erste Roland und das erste Rathaus von Bremen«, in: Bremisches Jahrbuch, Bd. 84, 2005, S. 16–26 | Freie Hansestadt Bremen, Landesamt für Denkmalpflege: »Roland«, https://denkmalpflege.bremen.de/denkmal_digital/detail.php?id=51660 Aufruf 28.7.2020 | Munzel-Everling, Dietlinde: Rolande. Die europäischen Rolanddarstellungen und Rolandfiguren, Magdeburg 2005 | Rempel, Hans: Rolandstatuen. Herkunft und geschichtlicher Wandel, Darmstadt 1989 | Schwarzwälder, Herbert: Geschichte der Freien Hansestadt Bremen, Bd. I, Hamburg 1989, S. 77–82, 93–95

11 Die Propheten

»Der alte Rathaus-Kaiser trug ein rotes Kleid«, in: Bremer Nachrichten 10.4.1959 | »Der Kaiser wurde abgenommen«, in: WESER-KURIER 26.8.1960 | Deutsches Institut für Fernstudien an der Universität Tübingen (Hg.): Funkkolleg Kunst Studienbegleitbrief 6, Weinheim Basel 1985, S. 52, 61 | Elmshäuser, Konrad u. a. (Hg.): Das Rathaus und der Roland auf dem Marktplatz in Bremen, Bremen 2002, S. 37 | E-Mail von Dr. Karin Walter vom 18.8.2020 | Freie Hansestadt Bremen (Hg.): Das Rathaus, Bremen 1980, S. 12 | Gramatzki, Rolf: Das Rathaus in Bremen, Bremen 1994, S. 28 | »Kurfürsten am Rathaus treten jetzt in Ruhestand«, in: WESER-KURIER 8.12.1959

12 Herolde

Rudolf Maison – Bildhauer für König, Kaiser und andere kunstliebende Laien, Historisches Museum Regensburg, 18.9.2016–2.4.2017, www.rudolf-maison.de/ausstellung/Aufruf 14.6.2020 | Schwarzwälder, Herbert: Das Große Bremen Lexikon, Bremen 2002, S. 577, 578 | Thies, Erika: »Bleiben die Herolde am Rathaus oder nicht?«, in: WESER-KURIER 1.2.2004 | dies.: »Tausch des Erzengels gegen die Herolde nun perfekt«, in: WESER-KURIER 6.8.2004 | dies.: »Vor 50 Jahren kamen die ›Herolde‹ frei«, in: WESER-

KURIER 24.8.2009 | Voith, Peter: »Herolde können bald die Pferde satteln«, in: WESER-KURIER 20.3.2006 | »Von Paris nach Bremen«, in: kreiszeitung.de, 23.3.2015, https://www.kreiszeitung.de/lokales/bremen/standbilder-ihre-geschichte-herolde-ostseite-rathauses-4846550.html Aufruf 16.4.2020

13 Neptunbrunnen

Schwarzwälder, Herbert: Das große Bremen-Lexikon, Bremen 2002, S. 498, 721 | Thies, Erika: »Wo Neptun mit dem Dreizack sticht«, in: WESER-KURIER 3.6.2001

14 Bismarck-Denkmal

Freie Hansestadt Bremen, Landesamt für Denkmalpflege: »Bismarck-Denkmal & Reiterstandbild Otto von Bismarck«, https://denkmalpflege.bremen.de/denkmal_digital/detail.php?id=51668 Aufruf 2.6.2020 | Gammersbach, Moritz: »Hoch zu Roß: Was sucht Bismarck in Bremen?«, in: KROSSE, 13.1.2020, https://krosse.info/hoch-zu-ross-was-sucht-bismarck-in-bremen/ Aufruf 10.6.2020 | Gerhard-Marcks-Stiftung, Bremen (Hg.): Roß und Reiter in der Skulptur des XX. Jahrhunderts, Ausstellungskatalog, Gerhard-Marcks-Haus Bremen, 21.4.–4.8.1991, Bremen 1991, S. 24–26 | Hinrichs, Jürgen: »Kein Rost mehr unterm Eisernen Kanzler«, in: WESER-KURIER 19.6.2020 | Schwarzwälder, Herbert: Geschichte der Freien Hansestadt Bremen, Bd. II, Hamburg 1987, S. 341–351, 567 | Thalenhorst, Carl (Hg.): Bremen und seine Bauten 1900–1951, Bremen 1952,S. 444 | Theiner, Jürgen: »Entscheidung zu Reiterstandbild«, in: WESER-KURIER 28.1.2018 | Thies, Erika: »Blickkontakt mit Wilhelm Kaisen«, in: WESER-KURIER 8.7.2010 | dies.: »Mit Kaisens Hilfe wieder oben«, in: WESER-KURIER 31.7.1998 | Werner, Hendrik: »Auf dem Prüfstand«, in: WESER-KURIER 15.2.2018

15 Peter Fuchs, Franz Schütte, Max Salzmann

Groth, Peter: »Pietätvoll einen neuen Bremer Dom gebaut«, in: WESER-KURIER 11.1.2006 | Hoffmann, Hans-Christoph: Die Erhaltung des St. Petri Doms zu Bremen im 19. Jahrhundert, Bremen 2007, S. 92, 97, 98 | Klingebiel, Harald: Franz Schütte und die städtebauliche Erschließung von Osterdeich und Peterswerder, Sonderdruck aus: Bremisches Jahrbuch, Bd. 90, Bremen 2011 | Schwarzwälder, Herbert: Geschichte der Freien Hansestadt Bremen, Bd. II, Hamburg 1987, S. 360 | Thies, Erika: »Der Petroleumkönig«, in: WESER-KURIER 11.2.2011 | dies.: »Aus Ruinen auferstanden«, in: WESER-KURIER 14.9.2017

16 Domfiguren
Hoffmann, Hans-Christoph: Die Erhaltung des St. Petri Doms zu Bremen im 19. Jahrhundert, Bremen 2007, S. 89, 98
17 Jacobus Major
Arbeitsgemeinschaft »Bildhauer der Bremer Bauhütte« (Hg.): Die Bildhauer der Bremer Bauhütte, Ausstellungskatalog, Untere Halle des Alten Rathauses Bremen, 3.6.–18.6.1986, Bremen 1986, S. 48 | Bast, Eva-Maria: »Der umständliche Weg des Bremer Jakobus«, in: WESER-KURIER 9.11.2017 | Dillschneider, Karl: Der Schnoor. Pulsierendes Leben in Bremens ältestem Stadtteil, Bremen 1992, S. 50, 51 | Freie Hansestadt Bremen, Landesamt für Denkmalpflege: »Jacobus Major«, https://www.denkmalpflege.bremen.de/sixcms/detail.php?id=23597&template_id=0&version_id Aufruf 25.6.2020 | Janz, Liane: »Der Juxmajor kehrt zurück«, in: WESER-KURIER 19.5.2016 | Privatarchiv von Ingeborg Ahner-Siese | Schwarzwälder, Herbert: »Der St.-Jakobi-Brunnen in Bremen«, in: Bremisches Jahrbuch, Bd. 60/61, Bremen 1982/83, S. 198, 201 | ders.: Das große Bremen-Lexikon, Bremen 2002, S. 358, 359, 360 | Steger, Beate, Pilgern vor der Haustür: »Jakobsweg Via Baltica«, http://www.jakobswege-europa.de/wege/via-baltica.htm Aufruf 27.6.2020 | Telefongespräch mit Pastor Henner Flügger am 23.9.2020 | Telefongespräch mit Dr. Ulrich Schäfer am 5.10.2020 | Telefongespräche mit Dr. André-Michael Schultz am 5. und 8.10.2020 | Telefongespräch mit Dr. Hans Edgar Schütte am 30.9.2020 | Telefongespräch mit Michael Vinnen am 30.9.2020
18 Turmbläserbrunnen
Freie Hansestadt Bremen, Landesamt für Denkmalpflege: »Turmbläserdenkmal«, https://denkmalpflege.bremen.de/denkmal_digital/detail.php?id=51667 Aufruf 2.6.2020 | Historische Gesellschaft Bremen (Hg.): Peters, Fritz: Zwölf Jahre Bremen 1921–1932. Eine Chronik, Bremen 1938, S. 131 | Schwarzwälder, Herbert: Das große Bremen-Lexikon, Bremen 2002, S. 184, 736 | Schuer, Sigrid: »Ein leises Servus zum Abschied«, in: WESER-KURIER 20.8.2020
19 Verwundeter Achill
Bremische Bürgerschaft Abteilung Informationsdienste (Hg.): Haus der Bürgerschaft, 2011
20 Fietje Balge
Plan der Stadt Bremen von 1588/89 von Franz Hogenberg | Plan der Stadt

Bremen von 1630/38 von Matthaeus Merian | Schwarzwälder, Herbert: Das Große Bremen-Lexikon, Bremen 2002, S. 48, 49 | Telefongespräch mit Prof. Bernd Altenstein am 14.7.2020

21 Ludwig Roselius

Schmidt-Barrien, Heinrich: Von der Bremer Böttcherstraße, Osterholz-Scharmbeck o. J. | Tallasch, Hans (Hg.): Projekt Böttcherstraße, Delmenhorst 2002

22 Sieben-Faulen-Brunnen, Die Sieben Faulen

»Die neue alte Böttcherstraße«, in: Bremer Volkszeitung 12.10.1926 | Schmidt-Barrien, Heinrich: Von der Bremer Böttcherstraße, Osterholz-Scharmbeck o. J., S. 32 | Tallasch, Hans (Hg.): Projekt Böttcherstraße, Delmenhorst 2002, S. 125, 313 | Wagenfeld, Friedrich: Bremen's Volkssagen, Bremen 1845, S. 124–134

23 Bacchus

gu: »Die Böttcherstraße bereitet eine Hoetger-Ausstellung vor«, in: WESER-KURIER 24.2.1964 | Historische Gesellschaft in Bremen (Hg.): Peters, Fritz: Zwölf Jahre Bremen 1933–1945. Eine Chronik, Bremen 1951, S. 18 | »Hoetger-Hochrelief für die Böttcherstraße«, in: Bremer Nachrichten 11.4.1964 | Hoffsten, Anke: Das Volkshaus der Arbeiterbewegung in Deutschland. Gemeinschaftsbauten zwischen Alltag und Utopie, Wien, Köln, Weimar 2007, S. 326–330 | Schwarzwälder, Herbert: Geschichte der Freien Hansestadt Bremen, Bd. IV, Hamburg 1985, S. 207

24 Paracelsus

Boulboullé, Guido u. Zeiss, Michael: Worpswede – Kulturgeschichte eines Künstlerdorfes, Köln 1989, S. 136, 137, 162–164 | Freie Hansestadt Bremen, Landesamt für Denkmalpflege: »Kopf Paracelsus«, https://www.denkmalpflege.bremen.de/sixcms/detail.php?id=15507&template_id=0&version_id Aufruf 16.6.2020 | Müller-Jahncke, Wolf-Dieter: »Paracelsus«, in: Neue Deutsche Biographie 20, 2001, S. 61–64, https://www.deutsche-biographie.de/pnd11859169X.html# ndbcontent Aufruf 16.6.2020

25 Mann mit Vogel

Heymer, Kay: »Der Bildhauer Stephan Balkenhol«, in: stayinart, www.stayinart.com/der-bildhauer-stephan-balkenhol/ Aufruf 30.6.2020

26 Der Rufer

radio bremen: »Der ›Rufer‹ steht nun an der Weser«, 24.11.2007, https://web.

archive.org/web/20071125083712/http://www.radiobremen.de/ueber_uns/unternehmen/rb_neu/rufer.html Aufruf 3.7.2020

27 Denkmal für Ludwig Franzius

Bremen Bremerhaven Zwei Städte. Ein Hafen, Bremenports: »Der Bremer Freihafen«, https://bremenports.de/der-bremer-freihafen/ Aufruf 12.8.2020 | Schwarzwälder, Herbert: Geschichte der Freien Hansestadt Bremen, Bd. II, Hamburg 1987, S. 339–353, 460 | Thalenhorst, Carl (Hg.): Bremen und seine Bauten 1900–1951, Bremen 1952, S. 12–14, 19, 20, 445

28 Neptun

LinkFang: »Paul Halbhuber«, https://de.linkfang.org/wiki/Paul_Halbhuber Aufruf 30.10.2020

29 Denkmal für Johann Gottfried Seume

Biehusen, Karl Wolfgang: »Drei Männer und ein Denkmal. Ein Bericht über das Erinnern und Vergessen im 19. Jahrhundert«, in: Jahrbuch Nr. 83 der Männer vom Morgenstern, Heimatbund an Elb- und Wesermündung, Bremerhaven 2005

30 Heini Holtenbeen

Schwarzwälder, Herbert: Das Große Bremen-Lexikon, Bremen 2002, S. 311, 312, 428

31 Ottjen-Alldag-Brunnen

Dillschneider, Karl: Der Schnoor. Pulsierendes Leben in Bremens ältestem Stadtteil, Bremen 1992, S. 52, 53

32 Bürgermeister und Kaiser

Bippen, Wilhelm von: »Krefting, Heinrich«, in: Allgemeine Deutsche Biographie, Historische Kommission bei der Bayerischen Akademie der Wissenschaft (Hg.), Bd. 17, 1883, S. 100, 101, https://de.wikisource.org/w/index.php?title=ADB:Krefting,_Heinrich&oldid= Aufruf 3.7.2020 | ders.: »Meier, Heinrich«, in: Allgemeine Deutsche Biographie, Historische Kommission bei der Bayerischen Akademie der Wissenschaft (Hg.), Bd. 21, 1885, S. 198, https://de.wikisource.org/w/index.php?title=ADB:Meier,_Heinrich&oldid= Aufruf 2.7.2020 | Ehmck, Diedrich Rudolf: »Büren, Daniel der Jüngere von«, in: Allgemeine Deutsche Biographie, Historische Kommission bei der Bayerischen Akademie der Wissenschaft (Hg.), Bd. 3, 1876, S. 582–584, https://de.wikisource.org/w/index.php?title=ADB:B%C3%BCren,_Daniel_der_J%C3%BCngere_von&oldid= Aufruf 2.7.2020 | Larisch, Norbert: Gerichtshaus und Staatsanwaltschaft Bremen,

Bremen 1995, S. 38 | Prüser, Friedrich: »Büren, Daniel der Jüngere von«, in: Neue Deutsche Biographie 2, 1955, S. 742, https://www.deutsche-biographie.de/pnd13196965X.html#ndbcontent Aufruf 3.7.2020 | Schwarzwälder, Herbert: Das Große Bremen-Lexikon, Bremen 2002, S. 122, 125, 417, 418, 468, 667, 668 | ders.: Geschichte der Freien Hansestadt Bremen, Bd. I, Hamburg 1989, S. 114, 285, 336–392 | Wurthmann, Nicola: Senatoren, Freunde und Familie, Bremen 2009, S. 132–171

33 Heinrich-Heine-Denkmal

Hartog, Arie: »Rede zur Einweihung des Bremer Heine-Denkmals am 1. Oktober 2010«, in: Heine-Jahrbuch 2013, S. 240–243 | Heine, Heinrich: »Vorrede zum ersten Band des Salon«, in: Heinrich Heine Werke, 4. Bd., Schriften über Deutschland, Frankfurt/M. 1968, S. 36–43 | Hinrichs, Jürgen: »Heine hat seinen Platz gefunden«, in: WESER-KURIER 2.10.2010 | Kuhn, Jörg: »Heinrich-Heine-Denkmal«, in: BiB Bildhauerei in Berlin, https://bildhauerei-in-berlin.de/bildwerk/heinrich-heine-denkmal/ Aufruf 11.7.2020 | wn: »Heine-Denkmäler in Berlin und Brandenburg« in: In-Berlin-Brandenburg.com, Sehenswürdigkeiten, https://www.in-berlin-brandenburg.com/Sehenswuerdigkeiten/Gedenkstaetten/ Heine-Denkmaeler.html Aufruf 11.7.2020 | Wulf, Erich: »Das Berliner Heine-Denkmal von Waldemar Grzimek«, in: Heine-Jahrbuch 1999, Stuttgart Weimar 1999, S. 215–219

34 Kriegsgefangenendenkmal

»Elsa Brändström – Der Engel von Sibirien«, in: MDR Zeitreise, 31.7.2019, https://www.mdr.de/zeitreise/elsa-braendstroem-geschichte-mitteldeutschlands100.html Aufruf 7.8.2020 | Freie Hansestadt Bremen, Landesamt für Denkmalpflege: »Denkmal für die in der Kriegsgefangenschaft gestorbenen Soldaten des Ersten Weltkriegs«, https://denkmalpflege.bremen.de/denkmal_digital/detail.php?id=51804 Aufruf 7.8.2020

35 Freiheitskämpfer

Das schöne Detail …, Figur und Relief: »Skulpturen in Magdeburg – Im Skulpturenpark, Teil 3«, http://www.brunnenturmfigur.de/index.php?cat=Figur%20und%20Relief%2FMagdeburg%2FSkulptur%20und%20Plastik%20%C3%BCberall%20in%20der%20Stadt&page=Skulpturenpark%20-%203 Aufruf 17.8.2020 | Freie Hansestadt Bremen, Staatsarchiv Bremen (Hg.): Müller, Hartwig: Gefangenenhaus Ostertorwache – Geschichte 8. Vom ›Abschiebeknast‹ zum Wilhelm Wagenfeld Haus, 1980–1998, https://www.staatsarchiv.bremen.de/kooperationen/detail.php?gsid=bremen99.c.10575.de Aufruf 10.8.2020 | Gedenkstätte Deutscher Widerstand, Biografien, https://www.gdw-berlin.de/vertiefung/biografien/personenverzeichnis/offset/144/ Aufrufe 5./6./7.8.2020 | Holzner-Rabe, Christine: Das Wallbuch, Bremen 2001, S. 42–45 | Kuhn, Jörg: »Freiheitskämpfer. Revolutionäre Kämpfer«, in: BiB Bildhauerei in Berlin, https://bildhauerei-in-berlin.de/bildwerk/freiheitskaempfer/Aufruf 2.9.2020 | Kunst und Kultur in Wien: »Opfer für Österreichs Freiheit 1934–1945«, http://www.viennatouristguide.at/Friedhoefe/Zentralfriedhof/Opfergraeber/o_12_haft.htm Aufruf 3.9.2020 | Moser, Arnulf: »Von der ›Roten Kapelle‹ zum Provinztheater«, in: Stolpersteine Konstanz, Willy Schürmann-Horster, https://stolpersteine-konstanz.de/schuermann_theaterleben.html Aufruf 10.8.2020 | ottostadt magdeburg, Bürger + Stadt: »Freiheitskämpfer, 1947«, https://www.magdeburg.de/index.php?ModID=7&FID=37.19327.1&object=tx%7C37.19327.1 Aufruf 17.8.2020 | Telefongespräch mit Uwe Gellner am 18.8.2020 | Telefongespräch mit Dr. Fritz Jacobi am 2.9.2020 | Tuchel, Johannes: »Das Ende der Legenden. Die Rote Kapelle im Widerstand gegen den Nationalsozialismus«, in: Ueberschär, Gerd R. (Hg.): Der 20. Juli, Berlin 1998, S. 350, 354, 357 | Zündorf, Irmgard: »Fritz Cremer 1906–1993«, in: LeMO-Biografien, Lebendiges Museum Online, Stiftung Haus der Geschichte der Bundesrepublik Deutschland, http://www.hdg.de/lemo/biografie/fritz-cremer.html Aufruf 5.8.2020

36 Olbers-Denkmal

Freie Hansestadt Bremen, Landesamt für Denkmalpflege: »Olbers-Denkmal«, https://denkmalpflege.bremen.de/denkmal_digital/detail.php?id=51796 Aufruf 18.7.2020 | Gerdes, Dieter: »Olbers-Biographie«, Sonderdruck zur Ausstellung in der Sparkasse Bremen 1990, in: Olbers-Planetarium, https://planetarium.hs-bremen.de/bremen/astronomen/olbers_bio.html Aufruf 20.7.2020 | Holzner-Rabe, Christine: Das Wallbuch, Bremen 2001, S. 50–53 | Oken, Lorenz: »Olbers, Heinrich *Wilhelm* Matthias«, in: Neue Deutsche Biographie 19, 1999, S. 499–500, https://www.deutsche-biographie.de/pnd11858975X.html Aufruf 18.7.2020 | Schwarzwälder, Herbert: »Das Olbers-Denkmal. Planung, Entstehung, Aufstellung 1844–1850«, in: Bremisches Jahrbuch Bd. 80, Bremen

2001, S. 123–145 | ders.: Geschichte der Freien Hansestadt Bremen, Bd. I, Hamburg 1989, S. 508, 534; Bd. II, Hamburg 1987, S. 15

37 Sterbender Jüngling

Holzner-Rabe, Christine: Das Wallbuch, Bremen 2001, S.57–61 | Thalenhorst, Carl (Hg.): Bremen und seine Bauten 1900–1951, Bremen 1952, S. 447 | Schwarzwälder, Herbert: Das Große Bremen-Lexikon, Bremen 2002, S. 153, 154

38 Der Rosselenker

Holzner-Rabe, Christine: Das Wallbuch, Bremen 2001, S. 67–69

39 Bronzemann

Der Paritätische Bremen: »Mehr als jeder fünfte Einwohner in Bremen lebt in Armut«, 12.12.2019, https://www.paritaet-bremen.de/nachricht-anzeigen/mehr-als-jeder-fuenfte-einwohner-in-bremen-lebt-in-armut.html Aufruf 21.8.2020 | Hattermann, Kornelia: »Damit niemand vergessen wird«, in: WESER-KURIER 24.11.2019 | dies.: »Winter-Hilfsaktion für Obdachlose in Bremen«, in: WESER-KURIER 16.12.2019 | Knief, Alexandra: »Neue Skulptur des Bremer Banksy«, in: WESER-KURIER 8.9.2020 | Rabba, Michael: »›Bronzemann‹ soll gesichert werden«, in: WESER-KURIER 10.9.2020 | Wenk, Catherine u. Klooß, Christian: »Videomaterial zum Bronze-Mann: Es geschah am hellichten Tag«, in: buten un binnen 11.6.2020, https://www.butenunbinnen.de/nachrichten/gesellschaft/bronzemann-bremen-video-der-installation-100.html Aufruf 8.8.2020 | Wilke, Simon: »Masken vom Bremer Banksy«, in: WESER-KURIER 10.11.2020

40 Knollennasenmann

»Denkmal für einen Freund. Eine Bank für stillen Knollennasenmann«, in: Kreiszeitung 20.6.2016, https://www.kreiszeitung.de/lokales/bremen/bank-knollennasenmann-6503409.ht Aufruf 23.6.2016 | Telefongespräch mit Patrick Przewloka am 18.8.2020 | Youtube: »Ein Knollennasenmännchen zu Ehren von Loriot«, 19.6.2016, www.youtube.com/watch?v=INMl6x3bZRM Aufruf 13.8.2020

Danksagung

Viele hilfsbereite und freundliche Menschen haben mich beim Zusammentragen von Informationen vielfältig unterstützt. Danken möchte ich deshalb ganz herzlich der Künstlerin Susanne Ahner, dem Bildhauer Professor Bernd Altenstein, Uwe Bölts vom Archiv Böttcherstraße, Gisela Brünker vom Murkens Hof Lilienthal, Pastor Henner Flügger, Uwe Gellner vom Skulpturenpark ULF Magdeburg, dem Kunsthistoriker Dr. Fritz Jacobi, Monika Marschalk vom Staatsarchiv Bremen, Hauke Nehring vom Rathaus Bremen, Franziska Schmidt von der Galerie Parterre Berlin, Dr. Karin Walter vom Focke-Museum, der Leiterin des Dommuseums Dr. Henrike Weyh, der Grafikerin Karin Hannemann, meiner Lektorin Caroline Simonis vom Carl Schünemann Verlag und ganz besonders meinem Mann Elard Rabe.

Bildnachweis

Alle Bilder, sofern nicht anders angeben: Christine Holzner-Rabe und Elard Rabe.
S. 12, 13, 20, 22, 86: Carl Schünemann Verlag
S. 38: bernswaelz, pixabay
S. 82: Dguendel, Wikimedia Commons, lizenziert unter Creative Commons Attribution 4.0 International, URL: https://creativecommons.org/licenses/by/4.0/deed.de
Titelbild (Wilhelm-Kaisen-Denkmal): Quarz, Wikimedia Commons, lizenziert unter Creative Commons Attribution 3.0 Unported, URL: https://creativecommons.org/licenses/by/3.0/deed.de

Die Deutsche Nationalbibliothek verzeichnet diese Publikation in der Deutschen Nationalbibliografie; detaillierte bibliografische Daten sind im Internet über http://dnb.dnb.de abrufbar.

www.schuenemann-verlag.de

1. Auflage 2021

Text: Christine Holzner-Rabe
Lektorat: Caroline Simonis
Satz und Buchgestaltung: Karin Hannemann
Gesamtherstellung: Carl Schünemann Verlag

Printed in EU 2021

Klimaneutral
Druckprodukt
ClimatePartner.com/12995-2101-1010

ISBN 978-3-7961-1119-8

Besuchen Sie uns auch auf Facebook und Instagram.